U0082851

無腦理財術,小資大翻身

施昇輝

踏出財務自由的第一步

　　年金改革後，筆者接到不少公務單位的理財講座邀約，過去這類的邀約不是沒有，但沒有這麼密集和頻繁，原因無他，過去習以依賴年金過退休生活的軍公教族群，驚覺年金不保，壓力與危機感頓生，所以急得趕快尋求理財投資對策。

　　昇輝兄新著《無腦理財術，小資大翻身！》也是類似背景下的產物，只是對象從中齡的公務朋友換成年輕的小資族群。台灣當下，無論是什麼年齡、什麼背景，普遍充滿了對未來的不確定感及焦慮。社會壓力鍋下，台灣並不是太快樂的地方！

　　戴勝益先生曾說過：「理財能力是生存的基本能力！」筆者很認同此話。人的一生時時刻刻離開不了金錢之事，如何打理金錢真的是生存能力之一呀！可惜的是，太過安逸的台灣，不只年輕一輩忽略了及早建立起理財投資能力，中高齡一代的也有不少人錯失了理財投資的人生黃金時期，直至財務壓力當頭，才急忙尋求對策，此時恐怕需要加倍努力才能收得成效了。

　　本書從作者豐富的理財和投資經驗與實務出發，內容專業並提供的小資族建立財務觀與操作的可行方式，雖然書名叫「無腦」，但內容務實，非但不無腦，還充滿了人生智慧，例如把不用的雜物上網拍賣一節，筆者看了自覺慚愧，自身用不到的物品拍賣充分流通再次有用，而且又可換得金錢購買自己需要的物品，這真是再實際不過的理財呀。

相對昇輝兄已化繁為簡的投資能力，筆者可能看似有腦投資，但卻不一定有效！作者於本書中把各類投資工具都做了分析，並提供初入投資領域的小資族們有效且簡易的投資方式，的確可引領年輕朋友們入門，更重要的是不做白工與走遠路！筆者因為主持財經節目關係，在工作需求及個性使然下，書中昇輝兄所提的各類投資工具幾乎都操作，經年下來有得有失，反倒不如昇輝兄自由自在地怡然自得於投資與生活結合之中。

時下投資工具比比皆是，如何選擇可以一以貫之的投資方式與工具，昇輝兄於本書中詳盡介紹的ETF的確不失為好的建議，小資族群朋友們，甚至公務族群的壓力一族們，閱讀完本書不要忘了趕快去實行，才能踏出達到「財務自由」的第一步。

NEWS98「財經一路發」主持人／**阮慕驊**

A Dear John Letter
── 推薦序 ──

　　做為一個勞動者的小孩，小時候來到台北，從此念書、定居、工作，台北幾乎成為我生活全部的場所了，台北居，大不易。

　　我是一個任性的人，剛開始工作，薪水極低，但會用好幾個月的薪水去買大美百科、二玄社以及同朋社的書帖，甚至買一張畫；還有基本的生活開銷，房貸車貸、小孩學費、生活所需、旅行預算……我想和每一個人一樣，在很長的日子裡都是捉襟見肘。

　　工作多年，我曾經手頭除了有一筆緊急預備金之外，居然存了一些錢。我是那種土法煉鋼式的存錢法，開一個不用的戶頭，像貔貅一般只進不出。二十世紀末期，我曾經揣著這筆錢在想怎麼投資，讓錢變成更多錢，以便支應不斷擴大的支出。那是「.com」經濟盛行的年代，跟資訊網路產業相關的組合基金非常風行，一位非常有名的投資顧問，告訴我去買.com基金吧，我於是在南京東路的一家銀行開了戶頭，把手頭中於有的一筆「閒錢」，總數一百多萬，通通去買.com的組合基金。那時《中國時報》一位跑政治新聞的好友，知道我做了這件事，力勸我趕快出場，她告訴我說，看了這期英國《經濟學人》雜誌（*The Economist*），分析.com經濟快崩盤了，她勸我把基金趕緊出清，另做他途。我沒有聽她的話。

接下來有很多年，每個月銀行寄給我的盈虧報表，非常準時，以一種無量下跌、墜入斷崖式的衰退，告訴我每個月損失了多少錢，我依舊不肯出場，總是覺得不會這麼衰吧。

　　這每個月寄來一次的盈虧報表，終究變成了 A Dear John Letter（分手信）。一年多之後，每個月收到這封信，我都直接放入書房的碎紙機，將之絞碎，像一個被放捨的人，像被傷害的失戀者，就都不想再知道信中的內容。

　　很多很多年以後，因為創立有鹿文化。我把所有的錢都擠出來了。那一年要繳稅的時候，我發現自己的存摺非常的可憐，可能連稅都繳不出來，於是我又想起那個被我刻意遺忘多年的 .com 組合基金。我在一個晴天的下午，再度踏入那家南京東路的銀行，辦理解除出清的手續，最後換得了幾萬塊現金。我拿著一筆現金，居然蹲在南京東路又笑又哭，笑自己不會理財投資，哭自己不肯聽英國《經濟學人》的警告！

　　後來，我總是告訴年輕的朋友，無論如何要有儲蓄，無論如何口袋裡要有一些錢，讓自己的理想和現實能夠平衡。錢是絕對沒辦法帶來快樂的，幸福真的和錢無關。但是，唯有在經濟上能夠平衡或自足，才會活得自在，才會有樂活的權利。

　　認識昇輝兄多年，如果當年我聽從《經濟學人》的專業分析，或認識昇輝兄就好了，我應該會對錢的收入支出，有著完全不一樣的規劃和意志，應該可以活得更從容優雅一些。

這本《無腦理財術，小資大翻身》是昇輝兄為年輕的上班族朋友所寫的生活 Bible 吧，對我來說，它不只是一本理財書，他其實是一位中年的理財專家、樂活大叔敦敦誠意所寫出來的資本主義體系下的「求生術」。道理非常簡單，對於不善理財、或不願意花太多時間理財的年輕朋友，相信讀了之後，不會有機會像我這樣蹲在南京東路路邊又笑又哭。

有鹿文化總經理暨總編輯／**許悔之**

讀到每月存 6,000，便想到那就是當初我跟先生結婚要的零用錢。當然後來不只這些！人不要貪心，理財和存錢一樣，一步步來，總會聚沙成塔！

—— **石芳瑜**（永楽座書店店主）

透過外行人（如我）一定能懂的簡單文字，將兩招投資方法說明得讓人很安心，還附帶人生理財態度的嚮導 —— 身為這本書最核心的TA「小資文青」的我，看完不只是手癢，也彷彿看到清晰的入門小徑，就在眼前！

—— **張硯拓**（影評人）

我從小數學非常好，可惜竟和理財毫無緣分，不管是面對股票或債券，我都變成了個「無腦」之人，任憑別人說到口燥唇乾也搞不清楚。這就好像我的生活，每天都在隨性和率性中度過，直到我讀到樂活大叔施昇輝的書，他那一己獨創的、簡單扼要的理財和生活法則，對我彷彿一記當頭棒喝，又像是突然打通了我的任督二脈似的，我居然完全懂了，並且點頭如搗蒜的嘖嘖稱是。還有什麼事情能比教會文學家理財還要困難的嗎？施昇輝居然辦到了！！他的「極簡」深得我心，讓我不禁感到美好的人生就該如此！

—— **郝譽翔**（作家）

目錄

第三篇　一次讓你看懂所有的金融商品

第六篇　你有能力，也熱愛你的工作嗎？

無腦理財，青春無惱
── 自序 ──

近幾年，隨著新書持續的推出，我的演講邀約不斷，但一直要到2017年4月在台北獨立書店「永楽座」的那場講座，才是我第一場完全以小資男女為對象的演講。之所以過了這麼多年才辦，是因為我必須在真正了解現代小資的狀況與問題後，才能提出符合大家需求的實用建議。

那場講座開放報名後即刻秒殺，後來我又在另一家文青天堂「雅痞書店」等地方，辦了類似內容的演講。幾場下來，我真正感受到了小資男女的極大焦慮與惶恐，既擔心未來生活的經濟壓力，又害怕投資理財的複雜難懂，所以才讓我下定決心要來寫這本書，希望告訴大家理財很重要，但其實一點也不難。

理財之前，當然要存錢。存錢之餘，我不反對大家用小確幸來撫慰疲累的現實，但是我希望大家要追求的是「無畏」的小確幸，而不是「無謂」的小確幸。

存了錢之後，才能開始進行投資理財，而唯有用「無腦」的方法，才能讓大家「無惱」，不枉費一生中最美好的青春，因為我深信──「投資愈簡單，人生愈美好」。

媒體上充斥太多理財專家，他們總是用高深艱澀的術語來嚇唬大家，甚至是綁架大家，害絕大部分的凡夫俗子誤以為理財太難，所以一定要努力學習。然而「一分耕耘，一分收穫」這

句至理名言用在投資理財上，卻踢到了鐵板，因為很多人窮盡腦力，到頭來還是賠錢。

投資理財說穿了，其實很簡單，就是在「對」的時候買到「對」的商品，而買到對的「商品」其實比對的「時機」更重要。我在這本書裡，以我個人的經驗直接告訴大家兩支明牌。它們讓我投資從此不再焦慮，甚至徹底翻轉了我的人生。台積電？中華電？都不是，卻也都是。

有位投顧老師在我的臉書粉絲專頁，直接嘲笑我是「無腦人」，後來我把這三個字解讀成是對我的讚美，甚至引用來做這本書的書名。「無腦」就是不用大腦「判斷」，因此既不會貪婪，也不會恐懼，只是照著合理的「紀律」執行而已。不判斷，只遵守紀律，像反射動作一樣，是不是就變得非常簡單了？當然也就不會煩惱了。

最後我用一則在網路上看到的笑話，來結束這篇序言。一道名為「普羅旺斯鮮蚵青蔬佐滑蛋」的法國菜在高級餐廳賣600元，但其實它就是我們在夜市用60元即可吃到的「蚵仔煎」。一般理財專家喜歡用前面那種很複雜高雅的說法，但請放心，我這個樂活大叔只會用後面那個最親切直接的方式來教大家怎麼理財。

這本書分為七大篇章，共100篇短文，希望大家看完之後，就能立下努力存到第一桶金——100萬元的目標，並即刻付諸實行。現在，請用最輕鬆的心情翻到下一頁吧！

第一篇

歲月靜好，現世安穩

◆ 長壽本來是一種福氣，但如果事先沒有做好財務準備，就成了一種詛咒。

◆ 為了未來做準備的理財，照樣可以擁有當下的小確幸。

◆ 小資理財的第一步，從用碗裡的銅板開始。

◆「找」出來的錢和「變」出來的錢，都是「存」錢初期的預備金。

◆ 千萬不要為未來的消費，預繳任何的現金，這都是「再也找不回來」的錢。

歲月靜好，現世安穩

　　自2013年起，我開始了到處受邀分享理財心法的演講人生。演講結束後，很多人對我說，我「解救」了他們，但我認為我是「溫暖」了他們。我的「方法」太簡單，能夠溫暖大家的，其實是我的「態度」。

　　最受激勵的是兩個族群，一是好不容易存到退休老本，但很怕會在股市投資中賠光的銀髮族，二是根本沒錢，所以不知如何投資的小資族。歐吉桑、歐巴桑發現，原來投資有這麼簡單安心的方法可以不必擔心；年輕的潮男潮女慶幸，原來投資不像其他理財專家說的那麼複雜難懂。

　　小資族的焦慮遠勝銀髮族，因為阿公、阿嬤好歹還存了點錢，但年輕男女不僅工作不好找、薪水也都不高，但卻又想要追求生活的品味，哪有可能存錢？存不到錢，哪有可能投資？不靠投資，哪有可能賺到更多的錢？然後，不敢結婚、不敢生小孩，也更不敢想像擁有自己房產的安居樂業。

　　我們這種大叔如果現在還在勸年輕人，不要整天只想著「小確幸」，可能已經沒有人願意搭理我們了，因為我最近才知道，「小確幸」已經是上一個世代追求的目標，而新世代的普世態度，其實已經到了不敢奢望小確幸的「厭世」心理。

因為聽太多我們這種大叔、大嬸的嘮叨，所以大家才厭世嗎？放心，我這一回決定要從「大叔」的形象轉換成「暖男」，希望用「鼓勵」來取代「訓話」。我絕對不會要大家放棄所有的小確幸，因為生活沒有這麼一點點慰藉，日子怎麼過得下去？但我也不會寫不負責任的「要勇敢追求夢想、實踐自我」的勵志小品來痲痺大家，因為「現實」其實是有改善的可能。

抗戰時期，才子文青胡蘭成和小說家張愛玲結婚時，親口許下了一段承諾，傳為千古名言：「願使歲月靜好，現世安穩。」這個願望並不偉大，但心意多麼感人。

沒有錢，歲月不會靜好，現世不會安穩，但錢也沒有重要到必須花很大的精力來取得。各位不該期待看完這本書，就能在短時間內財富自由，但我承諾，這些方法都簡單可行，讓你不會對擁有一個「靜好」、「安穩」的未來人生太早絕望。

小心你會活到100歲

只要在演講場合看到台下很多年輕人，我都會在適當的時機講以下這段話：

「小心你們會活到100歲。」好像是恭喜他們，又好像是嚇唬他們。

這時，大家都會露出很驚訝的表情，有幾次還有人吐槽：「我才不要活這麼久呢！」

我總是這樣回答大家：「對不起，這由不得你。現在醫學發達、大家營養又好，活到100歲可能還是基本門檻呢！」然後話鋒一轉，接著說：

「你們開始做準備了嗎？ 我是戰後嬰兒潮（1945-1965年）出生的人，父母那一代大概20歲開始工作，到了60歲退休，然後平均在70歲左右過世。也就是說，他們花了40年的時間，準備10年的退休生活，夠不夠？」大家點頭。

「而我們四、五年級這一代很多人都是20歲就開始工作，因為當年大學錄取率只有20％左右，但大概會工作到65歲，然後可能比我們父母多活10年，平均壽命是80歲，所以是花45年的時間，準備15年的退休生活，夠嗎？」大家也異口同聲說：「夠！」

「在座的年輕人，你們大概都是大學畢業，甚至還念了研究所，所以開始工作都25歲了。未來很多工作都會被線上服務、人工智慧取代，或許你們50歲時就得被迫離開職場，可能連退休金都沒有。但人生還有好漫長的路，因為醫療的進步，你們可能會活到100歲。用25年的時間準備50年的人生下半場，夠不夠？」講完，全場默然，沒有一次例外。

長壽本來是一種福氣，但如果事先沒有做好財務準備，就成了一種詛咒。

我最愛貓王的一首歌就是〈*It's Now or Never*〉，現在立刻開始，永不嫌遲。開始什麼呢？開始認真努力工作、讓收入持續增加；開始理財，不要誤以為很困難，其實非常簡單。

如何開始理財？第一步當然是存錢。

如何開始存錢？不是要你放棄所有的小確幸，只是必須有個心理準備──不要再有「無節制」的小確幸。為了可能長達50年的人生下半場，你必須有所取捨，只能追求「有限度」的小確幸。

請放心，為了未來做準備的理財，照樣可以擁有當下的小確幸。接下來，我就要和大家分享理財的第一步：「找錢」。

你沒看錯，不是「存」錢，是「找」錢！

不要再把銅板放進容器裡

儲蓄的觀念很重要，從小，老師或父母或多或少都會建議我們準備一個撲滿，大部分都是豬的造型，然後要我們把沒用完的零用錢存進去。這種撲滿經常設計成容易投錢進去，但要把錢拿出來卻非常困難，就是希望只進不出。當年，我們很慎重地把它當成一種「儲蓄」，存夠了可以去支付一個特定目的時，才把豬公「殺」了，拿出錢來。

現代人已經很少用撲滿了，而是把找錢得來的銅板，包括1元、5元、10元和50元，丟進一個容器裡。等到哪一天滿出來了，把它換成整鈔，就覺得是一筆意外之財，然後拿去揮霍一下。「儲蓄」的意義消失了，變成是一種「樂透」。

在家裡最容易找到的錢，就是這些不起眼的銅板。其實這些銅板也是你辛辛苦苦賺來的，並不是天上掉下來的。你可以試試看，如果在家裡附近買東西，就在身上帶99元的銅板，不必讓店家再找零，你便會覺得少用了一張百元鈔——很多人常覺得鈔票是錢，而銅板不是錢。一直用鈔票，然後把銅板丟進碗裡的結果，心理上就有花很多錢的錯覺。

一開始存錢，萬事起頭難，有時甚至會透支而達不到原訂的目標，這時就可以靠銅板來幫忙。小資理財的第一步，從用碗裡的銅板開始。

消化銅板最好的方法之一，就是經過捷運站的悠遊卡儲值機時，把身上重得要死，而且容易在掏錢時掉在地上的銅板投進去。此外，千萬不要一次儲值很多錢，情願麻煩一點，每次都是小額儲值，否則萬一悠遊卡遺失，恐怕會損失很大。

不過，如果你是有計劃地存銅板，則另當別論。有一次，我去上郎祖筠主持的廣播節目，跟她聊到這個話題，她的方法就很有啟發性。她說她只存50元銅板，其他都會盡量用掉，然後一定有一個特定的目的才拿去花，因為撲滿中都是50元，計算起來也容易，一起提供給大家參考。

銅板至少還看得到，很少使用的存摺裡的錢，卻常常嫌麻煩而不理它。很多人因為換工作或其他原因，以致有很多本存摺，請你找一天把已經不再使用的存摺通通結清，說不定積少成多還有幾千元呢！此外，一定要回到原存款銀行的ATM領錢，否則跨行領款手續費累積下來，可能都夠吃一餐了。

最後，把衣櫃裡的衣服、褲子口袋仔細摸一遍，或許還可找到很多「意外」之財呢！

把不要的東西上網賣掉

上一篇是教大家「找」出真正的錢，這一篇是要提醒你可以把家裡已經用不到的東西拿出來上網拍賣，換成現金。無論是YAHOO的「奇摩拍賣」、PChome的「露天拍賣」或「蝦皮購物」（Shopee），都是很方便使用的平台。網拍人人都可以順利操作，只有兩個關鍵因素，一是便宜，二是誠實說明物件的狀況。拍賣成本不高，所以不管賣多少，你都賺，因為留在家裡永遠不會變成現金，賣不掉也沒損失。以下是我多年前實際的拍賣經驗，與大家分享。

我在證券業服務了15年，公司每年都會發一整套西裝，含一件外套、兩件長褲、兩件長袖襯衫和兩條領帶。幾年累積下來，也有十多套，衣櫥都快要不夠用了。離開職場之後，沒有適合穿的場合，實在沒有必要保留那麼多套西裝，就決定嘗試上網拍賣。一件西裝外套加兩件同款西裝褲，只賣990元，銷路極佳，短短幾天就賣了十套。我清出了家裡的空間，還能換成現金，買家買到了便宜又合身的西裝，成為雙贏的局面。

賣完整的西裝套組不稀奇，我還曾一口氣賣了五件袖口與衣領已泛黃、狀態不佳的白色長袖襯衫，總價400元。我在網站上也誠實表達衣服的狀況，沒想到依然順利成交。我還特別

問買家，為什麼要買這些穿不出去的襯衫？原來他是戶外工作者，買來只是為了防曬。

我還賣過子女小時候為他們訂閱的兒童雜誌，或是教育性質的錄影帶、錄音帶。最紅的《巧連智》月刊，一本賣50元，刊了一小時就通通賣光。

這些網拍品中，我賣最多的物件，就是二手書。我每本只賣定價的5折，而且是含掛號郵資在內，所以應該算是非常便宜，也幫自己的書櫃做了定期的清理。書看過了，觀念吸收了，除了具有收藏意義的書籍，其實再看的機會不多，還不如便宜賣出，讓更多人可以得到和你同樣的啟發。現在，除了能在拍賣網站賣，還可以送到網路書店「讀冊生活」TAAZE賣二手書，也非常方便。

我太太曾經在家兼差時需要用到的全開牛皮紙，我也賣，一張只賣3元；還有我老爸在河濱公園散步撿到的幾百顆高爾夫球，一顆只賣5元，都是我最暢銷的代表作。真是應了那句經典廣告詞：「什麼都有，什麼都賣，什麼都不奇怪。」

家裡用不到又不能上網變現的東西，就是冰箱裡的菜，因此請你隨時檢查，能吃能用，就要趕快吃趕快用，否則都是浪費。

再強調一次，「找」出來的錢和「變」出來的錢，都是「存」錢初期的預備金，絕對不能任意揮霍。

「每天只要XX元」最花錢

前兩篇講的是「還能找到」的錢，這一篇要講的是「再也找不回來」的錢。既然找不回來，又何必講呢？這是要提醒大家，以後別再犯同樣的錯誤。

我將這種錯誤的消費行為稱之為「錢坑」。最明顯的例子就是我們因為廣告上說「每天只要 XX 元」而去花的錢，這種廣告術語常出現在購買保險、參加會員，以及各式各樣的綁約交易上。

「XX元」的金額多半不會超過百元，甚至常常以一個銅板（50元）就夠了做訴求。大家心想，少去喝一杯小七咖啡就夠了，所以心動不如趕快行動，結果小七咖啡也沒有少喝一杯，就這樣莫名其妙多了一筆開支。

每個人都該買保險，以備不時之需，如果你已成家，更是對家人最好的保障，但不該去買很多重複的保單。為什麼會這麼做？多半是經不起親朋好友的人情攻勢，其中最難以拒絕的理由一定是對方說「每天只要XX元」。或許你會想，多一張保單，多一層保障，也沒損失。但是，還是小資狀況的你，這樣做必然會排擠掉其他的消費和投資。

其次，購買會員資格也是一大錢坑，因為「每次只要XX元」實在太吸引人了。具備會員資格之後，單次消費金額一定會

降低，甚至還會有紅利回饋，因此大家就會覺得很划算。不過，如果你因為太忙，導致去使用的次數不多，換算下來可能比非會員的單次消費還貴，不就反而划不來了？況且，這家公司能否長期經營下去也是一大風險，萬一真的發生，已繳的會費幾乎不可能拿回來了。

同樣的情形也會發生在購買餐券上，而且你還得另外承擔遺失的風險。販賣餐券的餐廳，平均消費金額肯定不低，才會用這種方式做促銷。餐券雖然常常可以下殺到7折，甚至更低，乍看之下超划算，但仔細想想，還是屬於中高價消費，真的有必要這麼豪奢嗎？買餐券的動機其實是「比定價便宜多了」，而不是「真的有這個需要」。

「積少成多」原本是指「儲蓄」，但何嘗不能同時用在「消費」上？下次，看到類似的廣告時，不要再被誘惑了。最後請切記，千萬不要為未來的消費，預繳任何的現金，這都是「再也找不回來」的錢。

別忘了另一半

　　無論你現在是已婚，還是以結婚為目的正在談戀愛，都別忘了你的另一半應該也要和你有一樣的理財觀念。很多夫婦或情侶常常會因為金錢觀念的不同而吵架，所以不論婚前、婚後都應該就這部分做充分的溝通，不要一個很省一個亂花，那就事倍功半了。

　　每個人對花錢的價值觀都不同，執意要對方認同自己，那是強人所難。以我為例，我從小到大主要的花費都在看電影這件事上，老婆就覺得看場電影動輒兩、三百元，實在不值得，因為在家裡看HBO都不用花錢啊！不過，我其他地方的花費都非常節儉，她也就不好意思反對我花錢看電影了。換言之，另一半真的對某件事很執著，就別太計較，只要他在別的花費上願意克制就好了。

　　尊重彼此的價值觀，是化解異見的關鍵所在。你不能用自己的價值觀來批判對方，而應該接納對方，但用一個大家都接受的目標，來讓另一半自行做取捨。

　　有時候，尊重甚至會帶來意外的財富。我有一個朋友，非常喜歡蒐集無敵鐵金剛的公仔，數量高達上萬件，堆得家裡滿坑滿谷。他太太當然認為這些是無用之物，叫他趁著有些增值

空間，把一些賣掉，既可賺錢，又能挪出空間。他當然不肯，太太氣不過，有次就跟他說：「你乾脆去買一間房子，來堆這些無敵鐵金剛。」他接受了這個建議，真的去買了一間房子，而且為了搬運方便，還買在一樓。前幾年房價狂飆，買的房子增值不少，成了「無心插柳，柳成蔭」的投資。

除了個別的開銷要考慮，共同的花費也該精打細算。婚後相對容易，但婚前談戀愛處處都要花錢，因此我建議就別每天出門約會了。我的子女都正處於戀愛期，我就鼓勵他們下班後來家裡，上網、看電視、追劇，通通不要錢，有時我還會請他們吃飯呢！約會還要和對方的父母相處兩、三個鐘頭，年輕人當然覺得不「浪漫」，但如果這樣可以省下很多錢，到頭來還是會覺得非常「務實」。如果男女雙方都自行在外租屋，我甚至覺得同居不是壞事，若有未來共同生活的藍圖，趁早磨合習慣、價值觀，也是兩人之間的學習。

小資族想要快速累積財富，結婚絕對是重要的捷徑。我常勸年輕人別來聽我的投資講座，把這個時間拿去談戀愛，效益可能更高，因為兩個人存錢當然比一個人快，兩個人的花費絕不會是一個人的兩倍。

第二篇

請一個月努力存 6,000 元

◆ 只要一餐超過100元，就該把這筆開支視為「樂」，而非「食」。

◆ 用一年36,000元分配「衣」的預算。

◆ 不是「完全」犧牲小確幸，只是必須有節制。

◆ 沒有附加條件的優惠，才是真優惠。

◆ 做信用卡的奧客──每個月信用卡的帳單都全數繳清。

請一個月努力存6,000元

存錢一定要有目標，我建議就以一個月存6,000元開始。

如果你認為：「不難嘛！」那就要恭喜你，因為你的理財起步已經比很多人都要輕鬆了，而且條件也好得多。

如果你認為：「怎麼可能做得到？」除非你一個月真的只有22K，而且還有學貸尚未還清，我才能接受你的質疑，否則請先不要認為自己是湯姆·克魯斯在演「不可能的任務」，因為我在後面的一系列文章中，會教你一些可行的方法。

如果我說每個月存6,000元，6年後就會存到100萬元，你應該就會想盡辦法達成吧？真的能存到100萬元嗎？別急，我會慢慢算給你看。

6,000元是假設月薪30K，以拿出月薪的20％來計算的。如果你的月薪比30K高，我建議你要以相同的比例（20％）來當作存錢的目標；如果你的月薪低於30K，因為生活上有很多支出是難以縮減的，或許只好把每個月存錢的目標降低到4,000～5,000元，等你加薪到30,000元時，再努力達成我的建議。

為了展現自己存錢的決心，建議可以另外開一個銀行帳戶。現在多數人的薪水都是公司自動轉帳，如要另開帳戶，請到薪資轉帳銀行的另外一家分行——最好在住家附近。每個月薪水

入帳當天，就把6,000元轉帳到該帳戶中，強迫自己不得動用，因此最好連提款卡都不申請。

這時，你的薪資轉帳戶頭有24,000元，我把它稱為「生活費存摺」，而另一個帳戶則有6,000元，我稱之為「大夢想存摺」。為什麼要在同一家銀行的另外一個分行開戶呢？因為這樣轉帳完全無須手續費。

除了存下的6,000元以外，人生需求不外乎食衣住行育樂六大項，這時我們就要把其餘的24,000元分配到每一個項目中。怎麼分配呢？請看下圖：

有夢想儲蓄，也有生活費規劃，食衣住行育樂大致分配好可動用金額了，接下來的篇章，我們來談談這些分配的大原則。

不可以有小確幸了嗎？

一個月存6,000元，乍看之下，或許你認為可以做得到，但看到生活六大需求的分配後，你可能就會在心裡犯嘀咕：「什麼小確幸都不要了嗎？」

放心！還是有小確幸的空間。

我說一個月存6,000元，一年12個月可以存72,000元，但是一般的公司都會給你一年保證14個月的薪水，多出來的兩個月共60,000元，我可沒有要你也存起來，這筆錢就可以做為小確幸的基金。如果你現在任職的公司沒辦法提供一年14個月的薪水，怎麼辦？一來，你的小確幸基金勢必要縮水，二來，或許也是時候考慮換間公司了……！

其次，你若是擔任業務職，一般公司應該都會有業績獎勵制度，如果業績優異，就有機會領到額外的業績獎金，這也不必存起來，照樣可以拿來做為小確幸的基金。如果你的工作不可能有額外的獎金可領，怎麼辦？一來趕快申請調到有獎金的部門，二來下班後去兼差增加收入。當年我還是小資男的時候，就接了翻譯國外言情小說的工作，一個月可以完成一本，入帳15,000元。這時，你該想的是自己有什麼專業技能，可以有額外的收入呢？

最後別忘了，努力工作，除了有機會加薪，同業聽得到，說不定還能有被高薪挖角。爾後月薪比我建議的30,000元還多時，這些多出來的錢都可以做為小確幸基金。如果沒有加薪，怎麼辦？一來工作必須要更努力，二來既然老闆瞎眼，就換一家公司吧！

換句話說，小確幸基金照常理來估算，是會逐年增加的。假設第一年有兩個月60,000元可供小確幸花用，因為工作努力，隔年加薪1,000元，則小確幸基金可增加到74,000元，第三年又加薪1,000元，該基金就會到88,000元，三年下來，總共會有22萬元以上的基金。第四年以後，請依此類推[註]。

因此，誰說沒有小確幸了？如果你把小確幸基金的部分再存起來，或許四年就存到100萬元了。要享受小確幸，還是早點存到第一桶金，就看你的決定了。

[註] 第二年加薪1,000元×12個月 + 31,000元×2個月 = 74,000元
第三年加薪2,000元×12個月 + 32,000元×2個月 = 88,000元
三年相加 60,000 + 74,000 + 88,000 = 222,000元

能否達成目標？ 關鍵在「住」

如果你看過我之前的著作，如《年年18%，一生理財這樣做就對了》、《只買4支股，年賺18%》等，會發現我前一篇關於「住」和「育樂」的分配金額，怎麼不一樣了？這是因為在大台北區演講的時候，很多年輕聽眾反應，原先「住」只分配到6,000元，顯然是我不切實際的建議，所以在寫這本書時，我把它提高到7,500元，以每月30,000元薪資來計算，住的花費比例占25％，應該是比較合理的。

我如果到中南部或東部演講，大家對6,000元花在「住」上面，都表示沒問題。這件事讓我深思的是，為什麼大家都要擠到大台北地區來工作？工作機會多，當然是最主要的原因，但是中南部的大城市還是有機會找到工作的。回到自己的家鄉，至少可以住在家裡，立馬省下一大筆開銷，不就離存到第一桶金的目標更近了一點嗎？

有一次，我到高雄某大學演講，順便調查一下大家來自哪個縣市，結果高雄當地人占了3/4，我立刻建議他們畢業後就留在高雄工作，至少可以省下可觀的房租。

如果你能住在家裡，請你要增加每個月存錢的目標，至少要加3,000元進去，讓一個月可以存9,000元。「住」原本分配到7,500元，拿3,000元去存之後，剩下的4,500元，真的就不會

讓你手頭那麼拮据了。因此，能夠把「住」省下來，你已經比其他人要輕鬆多了。

郭台銘是最會「cost down」的企業家，每次要降低成本，他一定從比例最高的那一項開始砍起，「住」既然占了25％，當然是最優先要處理的項目。

如果你必須在大台北地區工作和租屋，請務必拿「時間」換「空間」。愈近市中心，愈近捷運站，房租當然就愈貴，每月7,500元可能根本就不夠。請你就離市中心遠一點、離捷運站遠一點吧！為了存到第一桶金，你勢必要犧牲一些便利性。不過，當然也不該為了省房租，去住到一個通勤時間可能要超過一小時的地方，恐怕本末倒置。因此，我們必須把「住」和「行」的花費一併考慮，才能求得一個最適切的平衡點。

最後，請別忘了，這部分的開銷絕對不是只有房租而已，還有家具、水電瓦斯、上網的費用，另外別忘了夏天要開冷氣，花費更兇喔！因此，掌握可以負擔、合宜的租屋條件，不僅可避免財務透支，也不會排擠到其他項目，才能確保達成存錢的目標。

一餐100元以內才算「食」

　　「食」是人生最基本的需求，之所以要賺錢，就是要填飽肚子，否則生命難以延續下去。一個月6,000元，夠嗎？如果三餐外食，真的很困難。如果在大台北精華地區，如信義計劃區工作或居住，更是難上加難。但是，一個月若不控制在6,000元以內，就很難達成一個月存6,000元的目標了。

　　我的小女兒目前就在台北市信義計劃區上班，最近的餐廳在101大樓的美食街，一餐沒有150元，根本別想吃到像樣的食物。因此，她每天回家最重要的事，就是準備隔天的早餐和午餐便當。這樣做，即使在全台灣物價最高的地方討生活，一樣可以存到6,000元。我的大女兒已婚，和先生的三餐也是盡可能做便當和在家裡吃。下定決心，學會基本的簡單料理吧！

　　「住」和「食」是六大需求中，絕對必要的開支。前者每個月的金額大致差不多，容易控制，但花在後者的金額就算已經超過6,000元，也不可能就此停下來不吃，只好透支了。一旦透支，只好犧牲另外四項需求，套一句阿扁前總統的名言：「不然你要怎麼樣？」

　　一個月6,000元伙食費，平均下來，一天只能花200元，大約是早餐只能吃40元，午餐和晚餐各80元，真的很吃緊啊！

40 元的早餐，勉強吃得到，例如麥當勞和便利超商最便宜的早餐只要 39 元，甚至比一般早餐店還便宜。這時候，請不要升級成拿鐵或冰咖啡吧！因為還要另外補差價，就不只 40 元了。

80 元的中餐，能吃到的食物大概就是「不滿意，但可以接受」。反正中午只有一小時的休息時間，簡單吃吃，大家應該不會太計較。

晚餐 80 元，如果一個人吃還行，但萬一同事、朋友邀去聚餐，肯定就不夠。我的建議是，只要一餐超過 100 元，就該把這筆開支視為「樂」，因為這種價位已經超過基本飽足的生理需求了。同時，歸在「樂」項下，才不會讓「食」很快就透支。吃太多 100 元以上的餐點，都算在「樂」的範圍，你就只好刪減娛樂的開支了。一旦沒有錢可供娛樂時，你自然就不會花太多錢去吃一餐。

光是吃三餐，都很難控制在一個月 6,000 元以內了，你怎還有多餘的錢去喝飲料、吃零食，甚至抽菸呢？請記得，非屬三餐的飲食，都要算是「樂」的開銷喔！

「行」：先把開車的念頭打消吧！

　　「行」也是人生六大需求中，不可能完全不支出的項目。除非你工作的地方真的是離家很近，否則不論是自己開車、騎車，或者搭大眾交通工具，都不可能不花錢。就算你真的可以走路上班，你也不可能在下班後、周末時，做一個100％的宅男，完全不出門吧？

　　在前兩篇的短文中，我也提過「住」和「行」的花費要一併考慮。住得近，交通費就少，通勤時間短，但房租就貴；住得遠，房租便宜，但交通費就必須花多一點，通勤時間當然也比較長。不過，仔細算下來，後者的組合一定比前者便宜。此外，騎機車和搭大眾交通工具的開銷也該做個評估，找到較省錢的方法。

　　如果你是開車族，一個月3,000元可能連停車場月租費都不夠，哪還有錢去加油？一年牌照稅加燃料稅平均攤到每個月，大約也要近2,000元。林林總總的開銷，開車一個月的花費至少7,000～10,000元，那就絕對不可能達成一個月存6,000元的目標了。

　　中南部大眾交通系統沒有大台北地區方便，不開車真的寸步難行，但或許你能住在家裡，就算在外租屋，房租也相對便宜很多，若「住」（7,500元）加上「行」（3,000元），能控制在10,500元內，或不要超出太多，就還是有機會達成存錢的目標。此外，

買一輛車至少也要花幾十萬元，別忘了要把它攤到各月的開支去。例如，一輛車60萬元，預估開10年，每個月就要攤5,000元[註]，如果還要付車貸利息，就不止這個金額了。所以，再怎麼算，開車都是最划不來的選項。相較之下，若能騎機車解決交通問題，就別開車了。

若你居住且工作在大台北地區，完全斷了開車的念頭吧！我雖有車，也很少開，因為捷運、公車、Ubike實在太方便了。然而，就算不開，我每個月的停車費就超過3,000元了！

除了交通費，我建議將手機通話費也算「行」的開銷。許多年輕人用高階智慧手機，每個月吃到飽的綁約費都在2,000元左右，因此只剩1,000元搭車，一天平均只能花35元，搭捷運上下班超過四站，來回就要40元了！

捷運錢能省嗎？當然不能！這時，請慎重考慮還要買高階智慧手機嗎？還要網路吃到飽嗎？仔細評估自己使用網路的流量，例如我其實每個月幾乎不會超過1.5G的流量，只要300元，看影片就回家用Wi-Fi看了。

[註] 60萬元 ÷ 10年 ÷ 12個月 = 5,000元

「衣」：集中購買，實用為主

「衣」對我來說，是可以一個月都不用支出的項目。我老婆常常笑我：「我們還在談戀愛時，我就看過你穿這件衣服，你現在居然還在穿！」我們談戀愛距今已經超過30年。我有一個從事紡織業的同學也笑我：「如果台灣都是你這種人，我們紡織業早就完蛋了。」

我近幾年比較常買新衣服，是因為要拍新書的封面，或是應邀上電視，總不能被讀者或觀眾看出是舊衣服吧？蘋果的賈伯斯，以及臉書的祖克柏，永遠都穿一樣的衣服，比我更極端，他們的理由是：「不必花時間和精力去挑衣服，至少能少做一次決策。」

我不是要各位學我在買衣服這件事上這麼小氣，也不必向買、祖看齊，只是希望大家不要每個月買衣服，而應該集中在折扣季時去採購。「衣」在每個月分配到3,000元，但你應該用一年36,000元來看這件事，或是至少以一季9,000元來做規劃。

這裡要借用我的好朋友，也是《Smart智富》月刊主筆郭莉芳的親身故事來和大家分享。她年輕時住在台北通化夜市附近，常常吃完飯，就順便在路邊攤買一件兩、三百元的衣服，著眼點當然是「便宜」。以為自己很節儉，但這樣東買西買，還是買了一大堆，總結下來，錢照樣存不下來。同時，因為便宜，品

質當然不佳，遇到正式場合根本不能穿，甚至很多衣服買了也沒穿過，就算一件只有幾百元，加起來還是一筆可觀的浪費。從她的故事得到的啟發是，情願花多一點錢買一些實穿而品質較好的衣服，也不要貪便宜買一大堆不好意思穿出門的衣服。

男生或許在很多國內外平價服飾店就能解決穿衣的需求，但女生的要求必定更高，因此最好掌握折扣時段，好好買一些適合各種場合的衣服、化妝品和皮鞋等等。

有些衣服如果已經穿不下，或是不常穿，請別太有愛心而捐出去，這時可以上網賣掉，多少收回一些現金，再做為下次買新衣服的基金。

只要你不是從事置裝要求很高的時尚業或演藝工作，這筆預算應該足夠。此外，最好也不要常看時尚雜誌，不然你很難抵擋那些麻豆圖片所帶來的誘惑，或者逛網拍時把喜歡的衣服放到「購物車」後就登出，過過乾癮，千萬別一時衝動結帳，然後懊悔「為何不把自己的手指給剁了」。如果真的不夠，人生其他五大需求大概也擠不出錢來支應，那就只好動用到「小確幸基金」了。

「育樂」常常被犧牲

我在以前寫的書中，是把「育」和「樂」分開，各給3,000元的分配，但為了把「住」的預算從6,000元增加到7,500元，只好把「育樂」合併計算，而且減少到4,500元。

「育」其實是非常重要的。如果在工作之餘，不能透過學習來強化工作需要的技能，或是加強語文能力，是很難在職場與人競爭。這種學習，可能來自相關課程的進修，也可能來自廣泛的閱讀。不過，在現實的花費中，又很難擠出錢來支應，這時，很可能必須挪出一部分的「小確幸基金」，才能讓自己持續保持職場的競爭力。

如果你已婚又有小孩，「育」的開銷就很龐大，區區4,500元根本不夠用。不過，本書的規劃是針對未婚未育小資族，所以在此暫不討論這種狀況。

「育樂」這兩項是人生六大需求中，最沒有急迫性的，因此其他四項的透支，都會擠壓到它們能動用的金額，說不定為了達成每個月存6,000元的目標，完全犧牲這兩項，也不是不可能的事。不過，要提醒各位的是，公司幫你代扣的勞保費、健保費、福利金及所得稅，都必須放在「育樂」項下，所以它們也不可能完全是零支出。

前面關於「食」的那篇短文有提過，只要是超過100元的一餐，都該列在「樂」的支出，一個月只要吃9次500元的聚餐，那就會把「育樂」的額度花光光，因此雖然一餐500元也沒有太奢侈，但已經要好好節制了。什麼時候該吃好一點呢？慶祝親友的重要節日，是人之常情，不得不花，其他沒什麼名目時，就省省吧！或是藉由和客戶或協力廠商應酬的機會，再好好打打牙祭。

看電影和KTV，都是現代年輕人很重要的娛樂，既然很難戒除，就該盡量找優惠方案才消費。以看電影為例，我雖然是超級影癡，迄今已經看過4,800部以上的電影，但我很少買超過200元的電影票，因為只要用心了解各項優惠措施，就可以做得到。

看演唱會，算不算「樂」呢？因為一張票幾乎就吃掉當月所有的預算，所以請把它當作是「小確幸基金」的支出項目吧！否則那個月什麼娛樂都別做了，屆時肯定會非常無聊。

有節制的小確幸

如果你真的每個月能存6,000元，而且花費控制在24,000元以內，我要恭喜你，因為「紀律」在投資上是非常重要的。既然你存錢能做得到，未來投資也一定沒問題。

完成以上的目標，一來累積了爾後理財的「大夢想基金」，二來確保了「小確幸基金」的完整。如果你「某」個月的花費超過24,000元，那就勢必要從小確幸基金來彌補，如果你「每」個月都透支，最後很可能小確幸基金會通通歸零，也就別寄望生活裡還有什麼小確幸了⋯⋯。

我之前提過，薪水入帳後，立刻將其中的6,000元轉存到大夢想基金的帳戶。那麼，領到三節獎金時（一般企業端午節、中秋節會發半個月薪水，春節則發一個月薪水），也要另開一個小確幸基金的帳戶嗎？我的建議是初期先不用，等每個月的花費可以穩定控制在24,000元以內時，再另外開個帳戶。因為初期或許常常會透支，如果另開一個小確幸基金帳戶，會常常需要提領，一則麻煩，二則失去基金應該持續累積的目的。

一旦看著薪資帳戶裡原先應該屬於小確幸基金的金額不斷減少，對你而言，也是一個警訊，迫使你必須更節省，或者必須更努力工作來尋求加薪的機會，甚至必須更積極去找兼差來開源。

在小資階段，一年能有10萬元小確幸基金，應該就相當不錯了。這時，你一定要有所規劃，不能寄望一切都能隨心所欲，因此我建議小確幸必須是有節制的。

首先，你要排出小確幸的優先順序。假設你最想出國自助旅行，就留下一半來做基金，一年以10萬元的一半5萬元為例，或許可以去日本兩次，若要去歐美國家，可能只允許去一次（對於年輕人規劃自助旅行諸如上網訂便宜機票、住宿的能力，我是非常佩服的）。如果第二想做的事是看演唱會，就以1萬元為預算，這樣應該可以看兩場，因此你不能每個巨星都要看，只好分好幾年才能每個歌手或樂團看一次。再來，你想在國內旅行、住民宿，就再把1萬元扣除，依此類推下去。不過，請記得，千萬不能把10萬元通通做規劃，至少要留下20％（2萬元），一來可供臨時小確幸花用，二來還是要預做支應生活費透支的準備。

我以前寫書的論點太嚴厲，主張「犧牲小確幸，追求大夢想」，現在我稍做修正，不是「完全」犧牲小確幸，只是必須有節制。

年輕人要「很會」花錢

前小七總經理、曾任全聯總裁的徐重仁原本是令人敬重的企業家，可惜講了一句「年輕人很會花錢」的話，一夕之間成為年輕網友罵翻的對象。

這句話成為兩個世代價值觀衝突的引爆點。我本來和絕大多數的大叔一樣，是站在支持徐重仁的一方，但有一件事情的發生，讓我決定日後不該再做這種武斷的結論。

有一天，我到住家附近的一家平價日本料理店，去買一個110元的豬排便當來做當天的中餐。排在我後面的是一個年輕人，他點了店裡最貴的豪華三色生魚片蓋飯，要價310元。我當下的看法，和徐重仁講的那句話一模一樣，還把這件事分享在我的臉書上。

我的小學同學留言：「你居然吃110元的便當，我都只敢吃80元的。」這就是大叔們之間會說的話。

其他的年輕朋友則留言：「如果他薪水很高，或是賺得很多，為什麼不能吃好一點？」或者是「如果他只是愛吃美食，其他地方都很節儉呢？」還有人說：「他可能今天接到大 case，慶祝一下也不行嗎？」

大叔成長在台灣經濟尚未起飛的階段,「節儉」成為當時師長不斷耳提面命的重要美德;現在的小資族則成長在台灣錢淹腳目的時代,「品味」成了人生最重要的追求目標。大叔小時候也一樣被父母罵「太浪費」,這似乎成了上一代對下一代的宿命指責。「浪費」的標準在哪裡? 就是「該花」? 還是「不該花」? 那麼,「應該」的標準又是什麼呢? 這就因人而異,但要花錢的時候,自己的心中至少一定要有一把尺。

　　「很會」花錢的年輕人,知道什麼該花,什麼不該花,其實是值得鼓勵的。「很愛」花錢的年輕人,一味追求當下享受,什麼都先花了再說,才是我們比較擔心的。請讀者捫心自問,你是哪一種人?

　　徐重仁是讓人尊敬的企業家,但顯然不是文青,因為他說的話太直白,那句話被大家都解讀成負面的「很愛花錢」。

沒存到20萬，誰說不能用愛瘋？

我的好朋友，也是知名理財專家兼廣播節目主持人夏韻芬曾說過一句話：「沒存到20萬，憑什麼用愛瘋（iPhone）？」這句話雖然語重心長，但對小資男女而言，難免有些刺耳。

「愛瘋」已經是時尚的同義詞之一，「果粉」則成了一種身分地位的讚美詞，因此才會在每推出一款新機前，造成引頸期盼的懸疑感，正式開賣前，又一再上演大排長龍的戲碼。因為賈伯斯和蘋果的行銷策略太成功，才有這種品牌忠誠度，怪不得從來不投資電子產業的股神巴菲特，現在也開始大量買進蘋果的股票了。

時尚的同義詞很多，請讀者捫心自問，你蒐集了多少個？我只希望你們走在路上，不要左手拿愛瘋，右手拿星巴克杯。當然，我這樣說，只是舉例。如果你右手拿的是名牌包，可能要衡量一下你荷包的深度了。

如果你是道道地地的小資族，請千萬不要成為名牌的蒐集狂，如果甚至因為這樣，背負了很多現金卡的債務，請先去研究哪些方法能幫助你減債吧！還完這些債務後，再來談理財。

如果你只有愛瘋這個名牌，我不會阻止你繼續成為果粉。不過，我要分享一個自己的小故事，或許你聽完之後，會覺得愛瘋可能讓你存到人生第一桶金的時間得往後延一些。

我每次演講的時候，都很愛秀我的手機，然後一定引起現場一片驚呼，因為我說了這句話：「這支智慧型手機，是我在2016年3月才買的。」

我還沒買智慧型手機之前，用的是Nokia的一般功能型手機，我喜歡戲稱它是「stupid phone」（智障機），只能打電話，不能上網。直到2016年1月全台急凍、連台北都下雪那一天才當機，拖了兩個月，一直時好時壞，只好決定去買一台新的手機。這時候，哪有智障機可以買？只好買了一台ASUS的智慧型手機。它給我帶來最大的便利，其實是照相的功能，而非上網。

（題外話：Nokia就是性能太好，很難故障，公司業績才會大幅衰退。）

「老師，你出門不用上網看盤嗎？」讀者發問。

各位看到我這本書的後半段，就會知道我出門在外，根本不用管股價的漲跌。我沒有去辦吃到飽的費率，相對比很多年輕人便宜得多，一個月只有1.5G的流量，我也認為夠用了。大家都愛稱我為「樂活大叔」，所以就算不能隨心所欲上網，也不會減損我「樂活」的生活品質。

連勝文的星巴克早餐

我後來才知道，2014年台北市長選舉時，這支提到「很多年輕人每天都吃星巴克早餐」的競選宣傳影片，並非連勝文陣營所拍的，但把他描寫成富二代的形象，讓他喪失了很多存在「相對剝奪感」的年輕選票，則是不爭的事實。

我不知道，罵連勝文的人是不是都不喝星巴克？若是如此，我沒話說。如果許誰歸許誰，但是許多年輕人仍然認為去星巴克喝咖啡，或是手拿星巴克杯，是一件屬於「時尚」和「品味」的事，則就有點表裡不一了。

先不談去星巴克吃早餐這件事，請問你去星巴克的目的是純粹喝咖啡嗎？如果只是喝咖啡，為何不去很多職人開設的咖啡店呢？難道這些咖啡店因為沒有外顯的logo，就無法和星巴克擁有同樣的附加價值嗎？

我想大部分人去星巴克的目的應該是聊天、談生意、用電腦做工作，甚至是看書吧？其實多的是地方可以達成這個目的，但花費肯定比星巴克少很多。

我有一個同學，很多年前的每個假日，都要送女兒去老師家學鋼琴，因為離我家不遠，就常常邀我去附近的星巴克聊天打發時間。第一次去的時候，我比他晚到，看到他桌上已經有

了杯咖啡，我就趕緊想去櫃檯為自己點一杯。他見狀跟我搖搖手，說：「不用點了，就坐下來吧！」

我說：「怎麼好意思？」

他邊揮動桌上的咖啡杯，邊說道：「我也沒點啊！這是我以前喝完後的空杯，我把它留下來，以後進星巴克，就把它放桌上，就不必點咖啡了。」

這不是笑話，但每次在演講中提到時，全場都響起一陣爆笑聲。與我年紀相仿的聽眾一臉「於我心有戚戚焉」的表情，而年輕人都是一副不可置信的神情，有一次還有人脫口說出：「原來你們這些大叔都是這樣，才買得起房子。」

雖然星巴克可能是單價最低的時尚品，但是如果你已經是其他許多名牌的愛用者時，或許還是得犧牲其中一兩項。曾有人統計過，假設你每天喝一杯星巴克，這樣三年下來花的錢，和一支愛瘋用三年的總花費，其實非常接近。千萬別只看單價，要看的是長期累積的總花費。這時，你該戒星巴克呢？還是戒愛瘋？如果你兩者都不肯戒，要開始理財的時間，真的會比你其他同齡的朋友晚好幾年。

兒子的NIKE球鞋

兒子在念小學的時候，有一天希望我幫他買一雙NIKE球鞋。老實說，我真的不想花那麼多錢買一雙球鞋，但又不想直接拒絕，就跟他說：「你可以告訴我NIKE比其他球鞋好在哪裡的五個理由嗎？」

心裡OS：「你若想得出來，就真的很厲害，老爸一定買給你。」

他很快說出兩個答案：「很多同學都有啊！」以及「很炫啊！」然後，……就沒有然後了。

我在心裡繼續OS：「再想一個，就有三個理由，算及格了，老爸還是會買。」

不過，真的就到此為止了。兒子最終沒有得到NIKE球鞋，我也省下了一筆錢。

這個小故事，其實就是老掉牙的「需要」和「想要」的思考。上體育課要穿球鞋，這是「需要」，非買不可；要穿NIKE，不要穿一般的品牌，則是「想要」。我有三個小孩要養，經濟壓力不可謂不大，不能他們「想要」什麼就給什麼，只能就他們「需要」的部分，盡力滿足他們。看過我其他書的讀者就知道，我在44歲時沒了工作，所幸家裡還有些存款，才能瀟灑地不再去

找頭路。這個錢怎麼存下來的？除了認真工作、被加薪、被挖角之外，就是整天想「需要」和「想要」的問題。

年輕人，或許你還沒有小孩，但現在薪水凍漲、物價飛漲，你的經濟壓力不一定比我當年小，要把錢掏出來之前，停個兩三秒想想這個問題吧！

再以前面幾篇短文提到的手機和咖啡來申論：手機是「需要」，愛瘋是「想要」。咖啡呢？可能還不一定是「需要」吧？

請大家認真思考，手機真的是非要不可嗎？我若說「手機也不需要」就矯情了，因為我和絕大部分的現代人一樣，離不開手機了。不過，我真的認識一個朋友，他是至今仍沒有手機的「摩登原始人」李偉文。他身分多重，既是牙醫師，也是終身環保志工、暢銷作家、廣播電視節目主持人，而且一年有超過200場演講、要寫超過300篇文章，每個月至少看20種期刊和20本書，怎麼做到的？應該跟他沒有手機息息相關。

我不是要大家把手機丟了，而是希望大家不要花太多時間在手機上。

一定要養成記帳的習慣

　　每位讀者的薪水不一定是我假設的30K，那麼該如何訂定屬於自己的支出預算和存錢目標呢？前幾篇短文只是希望給大家一個概念，從人生六大需求來規劃，但是有人吃得省，有人穿得省，有人房租貴，不可能這種分配分式能適合所有的人，這時我建議要從「記帳」開始。記了幾個月之後，你就會知道什麼才是你最適合的支出預算和存錢目標。不過，只要薪水在30K以上的人，請不要給自己任何藉口，說自己每個月存不到6,000元。

　　時下有很多軟體或APP可供大家記帳，但請採用那些有分類功能的，而不要只是記流水帳，因為這樣其實幫助不大。我比較建議大家用Excel來記帳，而且要把所有的支出明確歸類到「食」、「衣」、「住」、「行」、「育」、「樂」項下，不可以有「其他」項。若有先替公司墊款，如因公務搭計程車，則將車費列為「代墊款」，等公司還你錢，再把它沖掉。

　　不論金額多小，都要記得一清二楚。如果時間允許，每天睡前還要把帳本上揭露的餘額，和身邊的現金加銀行存摺餘額的合計數，一一核對，希望能做到「錢帳相符」。萬一不符，趕緊想一下哪一筆忘記入帳了？或是錢放在哪個口袋忘記算了？如果不能每天核對，我建議至少每個星期天晚上做一次，若有

差額，就當作「不明」的開支，讓現金和帳本能完全一致。如果「不明」的支出愈來愈多，絕對不是好事，意謂你花錢已經無感，不知節制了，必須立刻設法改進。

這絕對是一個繁瑣的工作，但如果你不記帳，又不核對餘額是否正確，久而久之，會根本不知道錢花到哪裡去了。很多人都會自我感覺良好，以為自己很節儉，因為好像每筆花費都不到100元，結果卻常常成了「月光族」。等你記帳之後，才會發現自己不知不覺花了這麼多錢。

比如說，一個每天都要喝手搖飲料的人，雖然一杯不過50元，花起來沒感覺，但記帳之後，才發現自己一個月「樂」項的開支居然超過5,000元，因為除了喝冷飲，還要看電影、唱KTV和朋友聚餐等等，這個金額絕對不應該。

施行幾個月後，你就能做出最適合自己的支出預算，然後依此來執行。如果每個月都無法達成6,000元的存款目標，唯一的解決方案就是努力去找一個薪水更高的工作。

貪便宜，可能更貴

　　每個人都知道預算和記帳的重要性，但究竟要怎麼做，才能達成每個月存6,000元的目標呢？俗話說得好：「魔鬼藏在細節裡。」換言之，請從小處著手，點點滴滴地省，離目標就不遠了。以下幾篇短文，就要來和大家分享我的親身經驗。

　　首先，不要再中了「第二件更便宜」的促銷伎倆。除非你真的需要兩件，否則就別受誘惑了。我是個超級可樂控，只要很疲累，或是想沉澱心情，我都會去買罐可樂來喝。夏天的時候，便利商店常推出「第二件抽獎」的活動，讓你有機會用8折、5折或1折來買第二件。然而，明明喝一罐就夠，我卻受了誘惑買了兩罐，幾次都抽到第二件8折，平均換算下來其實是一罐9折。原來買一罐只要原價20元，結果買了兩罐36元，其實是平白無故多花了16元，因為喝到第二罐，滿足感就下降了，甚至是不需要的。別跟我說只是區區16元，何必那麼計較？如果你有這種心態，肯定會是潛在的月光族！

　　同樣的道理，也請不要因為買的數量多可以讓平均單價降低，就買了過多、但根本不需要那麼多的商品。很多人就因為這樣的想法而在量販店，或是網路團購時，買了很多可有可無的零食，那都是一種浪費。上班族時興辦公室團購，但請你下次有同事揪團時，仔細思考一下這次要買的東西究竟是「需要」

還是「想要」，千萬不要迫於人情壓力而來者不拒。只有生活必需品，而且是消耗品，才值得用大量購買來換取較低的單價，如衛生紙、衛生棉、隱形眼鏡清潔液等等。

過度消費的另一個惡魔就是「集點卡」。「集滿10點，送1客」、「集滿10點，換贈品」對許多人都有致命的吸引力。平時光顧的便當集點也就算了，常常都是很貴的餐廳在做集點促銷，為了集到10點，就拚命消費，但真的有必要吃這麼多嗎？贈品真的非拿不可嗎？便利商店的櫃檯更是擺明的陷阱，因為常會陳列一些便宜的零食，讓你為了還差幾元就可以換到一點時，而做了無謂的消費。每次，店家要給我集點卡，我都微笑拒絕，如此就能在真正必要時才去消費。此外，集點卡常有兌換時效，若一錯過，本來期望的優惠或贈品就此莎喲娜啦了。

店家也常用「集點加價購」的方式來做促銷，看似減輕「集點」的壓力，而且「加價」的金額都不高，對大家來說，真是有致命的吸引力，但請還是用「需要VS想要」的方法，來克制無謂的消費。

切記，沒有附加條件的優惠，才是真優惠。

營養和風景無須額外付費

　　貪便宜都可能更貴了，有些東西擺明著就很貴，年輕人卻趨之若鶩，真的讓我很難理解，一是美食，二是民宿。透過媒體或部落客不斷地推薦，讓這兩類休閒活動成為年輕人最重要的小確幸。

　　美食雖貴，但其手藝自有其附加價值，這點我還能認同，但我不能接受的是「排隊美食」，常常要排好幾個小時才能吃得到。日本知名的一蘭拉麵剛引進台灣的時候，居然要排九個鐘頭才能一嘗它的湯頭，實在已難用常理來解釋。容我用簡單的數學來說明我的疑惑。我們去一般餐廳，大約 10 ～ 15 分鐘就能吃到餐點，但一蘭拉麵要花 540 分鐘才能吃到，請問一蘭的美味有可能是一般餐廳的 50 倍嗎？這是絕對不可能的，我看連兩倍都沒有，那麼為何要浪費這麼多的時間去排隊呢？而且很多人應該都去日本吃過了，有必要這麼麻煩再回味一次嗎？

　　九個鐘頭可以做多少事情啊！但排隊的時候只能划手機，上臉書猛按讚、發廢文，或是上 Line 開扯淡。大家只會抱怨薪水低又不漲，卻不知道這就是你不肯利用時間充實自己專業技能的必然後果啊！

　　民宿的原意應該是將家裡空著的房間便宜租給來旅遊的人，結果現在幾乎已經成為特色小旅館的同義詞。特色如果是原來

就存在的，我還能認同，但時下最夯的民宿其實都是經過精心設計的，一晚5,000元稀鬆平常，上萬元更比比皆是。能欣賞民宿主人設計巧思的時間，恐怕還比睡覺的時間短，值得花這麼多錢來享受嗎？

我曾想體驗女兒的特殊經驗，而和老婆特地去台東都蘭住她曾住過的背包客棧（hostel）。當時的收費是一人一晚600元／床，而且要和其他四個陌生人同睡在一間有三張上下鋪鐵床的房間。晚上10點前，該客棧不開冷氣，我問老闆為什麼，他說，這時候背包客多半都還在外面玩耍，沒有人會在這個時間回民宿。這就對了！老闆給我很好的啟發，旅行好玩的地方就是可以在客棧結交不同的朋友，並一起戶外活動，如果都待在室內，又何必離開家呢？

我這幾年愛上露營，因為CP值實在很高。一頂好一點的帳篷價格大概等於高檔民宿一晚，用一次就夠本，而一個合法經營且重視環境保育的營位，一個晚上不會超過2,000元，更是超級划算。

一人一床的背包客棧舒適度當然不如後者露營自炊，但旅行的樂趣絕不打折。營帳外閒坐聊天，配上徐徐吹拂的山風，還有滿天燦爛的星光，浪漫才真正破表。

我認為「營養」和「風景」是不該額外付費的，讓我們只要好好享受簡單的幸福就夠了。

「便利」商店和「平價」賣場

　　台灣應該是全世界便利商店密度最高的國家了，甚至還會發生同一條巷子頭尾各一家隸屬同樣企業、不同門市的情形。只要住在大城市，對便利商店的依賴，已經接近毒癮的程度。不過，我總是建議大家要做便利商店的「股東」，盡可能不做它們的「顧客」，因為它們真是賺太多了。

　　有一次，我的父親住院，想去地下街的便利商店幫他買包衛生紙。看到一包訂價25元，雖然貴，還是得買，就拿了去結帳。沒想到收銀機顯示一包是36元，我就問店員，我看到標價是25元啊！他冷冷回答我說：「你看到的是我們自家的品牌，但你拿的是另一家知名的品牌。」我只好認了，付36元走人。36元應該在外面賣場可以買到4包耶！在醫院買東西，非去便利商店不可，但回到自己住家附近，我除了繳費、買票或是列印資料之外，是盡可能不去的。

　　銀行下班了，我還有可以繳費的地方；走幾步路就能買到或拿到火車票，不再需要老遠跑一趟火車站；印表機碳粉太貴，又不是印量很大，去便利商店印，相較之下，真的不算貴；電影展、演唱會的票，再也無須漏夜排隊了，這些服務都是便利商店帶給我生活上物超所值的「便利」。

但是購買其他食物、商品的便利性，就要付出很大的代價。半夜急需某樣東西，你真的一定得去24小時的便利商店，但若沒那麼急，寧可走遠一點去「平價」賣場。如今，很多網路購物業者也是以低價、送貨到府的便利性為訴求，小資族應該不陌生吧？多多利用，真的能省下很多錢。

便利商店的促銷訊息都是貼在對外的玻璃窗上，吸引你順便進去消費，但平價商店都是透過DM寄送，你卻常常把它當垃圾丟掉，真是該省的沒省到，不需買的卻拚命買。請以後務必收好DM，而且還應該仔細閱讀，並注意優惠時效。這個月牙膏特價，就多買幾支，下個月衛生紙要促銷，現在就暫時不要買太多。

最後，還是要苦口婆心再提醒大家一次，千萬別因為平價賣場的價格比便利商店便宜很多，就起了衝動購買的欲望。把東西放進購物車之前，還是要好好思考「真的需要」還是「只是想要」？否則，還是一種浪費。

信用卡是用來應急的

我認識一位在銀行界德高望重的長輩，曾對我說：「信用卡是一種邪惡的發明，但卻是銀行的金雞母。」他個人從未申請信用卡，而我則是因為發生一件糗事才去辦的。

20年前，我還在證券公司承銷部任職。有一天晚上，陪同公司董事長宴請重要客戶。酒足飯飽後，董事長叫我去櫃檯結帳，心想不妙，因為一頓飯下來吃了2萬元，身上哪有那麼多現金？只好出了餐廳去找ATM，居然附近都沒有。好不容易領到錢，趕忙回餐廳付帳，櫃台小姐一臉錯愕，因為她從來沒看過有人付現金。回到座位，董事長有點不高興，說我怎麼去了那麼久。這次事件給我的教訓就是趕快去辦一張信用卡。因此，信用卡對我的意義是「應急」，而不是讓自己「方便」消費。

我想很少人跟我一樣，因為現代人辦信用卡多半是為了方便。喜歡就買，先刷再說，反正一個月後才要付款。不過，小資族若想要存錢，辦卡的態度勢必要做一些改變。要在皮夾沒那麼多現金時，才動用到信用卡，而不是有了信用卡，想買什麼就買什麼。

現在銀行為爭取大家辦信用卡，無不使出渾身解數，因此大家就可以好好比較各家能提供哪些優惠，再決定了。哪一家優惠愈多愈實用，當然就辦那一家了。要辦幾張呢？我的建議

是愈少愈好，兩張恰恰好，但一張也不嫌少，集中使用，才能有效累積紅利。千萬不要為了很多銀行推出的首刷禮，就拚命辦卡，到最後就會和很多不常用的存摺一樣，成了一種麻煩。

以我為例，我常使用的信用卡只有一張，其他其實都是金融提款卡兼信用卡。為何經常使用那一張？因為用它在很多影城買票都有優惠，對我這種影癡最划算，像李安的《比利林恩的中場戰事》（*Billy Lynn's Long Halftime Walk*）未來4K版，一張全票原價要800元，刷這張卡只要660元（還是好貴啊！）此外，它的紅利積點可以折抵我那家手機系統商的通話費，而且不用申請，自動計算。我喜歡有實質的回饋，而不是積點換贈品，有些贈品可能還會依照它的市價做為你的所得，隔年還要課稅喔！那就超級划不來了。

我從來不辦要繳年費的信用卡，但曾有一次，沒注意到只有第一年不用繳年費，到了第二年，居然直接從我的帳戶扣款，幸好我有刷存摺的習慣才發現，立刻打到客服中心要求取消辦卡並退錢。因此，提醒大家簽約前，一定要仔細問清楚，才不會吃悶虧。

情願做信用卡的「奧客」

在賣場或餐廳碰到奧客，肯定不開心，大家也會警惕自己，不要做人見人厭的奧客。但是，請務必要做信用卡的奧客，也就是說，每個月信用卡的帳單寄來之後，都要記得全數繳清。

銀行最喜歡的持卡人是每個月只繳最低的額度，其他未繳的部分，銀行就會開始計算利息，唯有如此，銀行才能賺大錢。

目前房貸利率約在2％左右，但信用卡循環利息卻高達15％，以前更過分，幾乎要20％了，後來大家受不了，政府才要求銀行業者降低利率，以15％為上限。

請千萬不要以為金額不高，而忽視它的威力。有一個理財的速算公式叫「72法則」，也就是拿72去除以貸款利率，就可以得出幾年會翻倍。以信用卡循環利率上限15％計算，翻倍年數是4.8年[註]，也就是不到5年，你要還的利息就和當初借的本金一模一樣了。假設你欠信用卡費10萬元，5年後，你就要還20萬元了。如果你不想這麼快翻倍，就把當月該還的利息全數繳清，但人的惰性很難讓你有這種紀律去執行。既然你能每個月繳清利息，應該就可以每個月繳清信用卡費了，不是嗎？

千萬不要有鴕鳥心態，為了達成每個月可以存6,000元的目標，就留下6,000元的信用卡費不繳喔！或許有人真會這樣「自作聰明」，但最後一定會「自作自受」。

信用卡帳單的繳費方式不外乎指定帳戶扣款，以及去銀行或便利商店繳納兩種方式。雖然我習慣用扣款，比較省事，但我卻建議小資族應該採用後者，因為每次掏錢繳納，雖然麻煩，但你會有心痛的感覺：「怎麼這個月又刷了這麼多錢？」然後就會警惕自己，下個月要節儉一點了。

　　以我之前對讀者人生六大需求的分配建議來看，可能只有「衣」和「樂」這兩項會使用到信用卡。如果你每個月都會使用到信用卡，我想你也很難達成我一再提到的存錢目標了。相反地，如果你好幾個月都沒用到信用卡，一定不只能達標，甚至還會超越原先的存錢進度。我希望大家只有要動用小確幸基金時，才使用信用卡。

　　信用卡帳單都不該延遲付款讓銀行賺利息，那就更不該辦現金卡了。一旦你成為「卡奴」，恐怕也很難有財可理了。如果一直無法清償卡債，還會留下信用不良的紀錄，爾後更難辦信用卡。戒之戒之！！

[註] 72÷15 = 4.8年

不該把支出預算平均分配到每一天

在薪資入帳當天，把6,000元轉到「大夢想基金」帳戶後，薪資帳戶只剩下24,000元供當月花用。一個月以30天計，所以每天可以用800元，看來還不會太難過呀！但是，這個算法其實是不對的。用除法得出的答案當然是正確的，但不可以用這種算法來算每天可以花多少錢。因為有些費用不能攤到每天，例如房租就是每個月必須一次付清的，所以扣除「住」的7,500元之後，只剩下16,500元，換算每天能花的錢降到550元。

這樣做，還是不對。我建議先要把能動用的錢設定為15,000元，而不是16,500元。兩者間的差額1,500元，請當作緊急預備金，或是做為往後碰到打折期間買衣服的預算。這樣做，每天只剩500元了。

對不起，還是不完全正確。我希望大家可以把一個月分成三個區間，並以領薪水當天算第一天，然後區分成前10天、中間10天，和後10天，再訂下不同的花錢預算，分別是4,000元、5,000元，和6,000元。

我認識的很多小資族，常常在領薪水後的第二十幾天，就幾乎花光所有的薪水了，害得後面幾天只好勒緊肚皮，然後一直盼望發薪日趕快到來。如果你能採用我的方法，在前10天努力節儉，然後慢慢就可以增加花費，一來比較不會產生愈來愈

窮的焦慮感，二來說不定還能省下更多的錢。老祖宗說得好：
「由奢入儉難、由儉入奢易。」用在此地，再恰當不過。

　　如果前10天能省下200元，中間10天又省下500元，到後
10天就可以有6,700元來花用了，這對自己之前的節儉，是最
好的獎勵。如果每個月都能如此，也會愈來愈堅定相信自己，
每個月一定能存下6,000元的目標。

　　以上建議來自我使用手機的經驗。因為我每個月只有1.5G
的流量，所以我會在每個月初期，盡量出外不上網，到下半個
月上網時，就不會有超出額度的壓力。

　　如何徹底執行呢？就是在領薪水的第一天，從ATM領
4,000元出來，放在皮夾裡，告訴自己這10天只能用這麼多。
這裡還有一個撇步，就是一定要找到原存款銀行的ATM領錢，
這樣就可以省下7元的跨行手續費。不要小看區區7元，想存錢
就要斤斤計較。要不要一次只領1,000元呢？那也不必，因為
萬一臨時要用錢，附近又找不到原存款銀行的ATM，就得被扣
7元了。但也不必本末倒置，我有個朋友在懷孕時，她先生為
了省7元，帶她走了很多地方，才找到原存款銀行的ATM，害
她差點想跟他離婚。

要儘快還清學貸嗎？

現在很多小資男女大學畢業，不只工作難找，起薪不高，而且還有助學貸款需要償還，怎麼有可能每個月存到6,000元？還是能做到，但要有三個配合的條件，一是延長還款期限，二是找到能提供可行且穩定報酬的投資標的，三是犧牲一點小確幸或生活花費更節省。

由於現在學貸利率很低，只比1％略高，因此我不建議盡速還清，因為只要能找到3％以上報酬率的投資標的，其實等於拿政府的優惠措施賺到至少定存的利息。怎麼說呢？

假設你總共借了10萬元，而學貸利率是1.5％（現在應該沒這麼高吧？），每年要付1,500元的利息，但你的投資報酬率為3％，也就是說，你用這筆錢每年可賺3,000元，扣掉利息後，還賺1,500元。如果你把這筆錢放在銀行定存，因為現在銀行定存利率大約只有1％，只能賺1,000元的利息，還比不上借錢遲還所賺的1,500元呢！這個方法就叫做「套利」。真的可以找到報酬率在3％以上的投資標的嗎？我將在後面的篇章會提到，請稍安勿躁。

那麼，乾脆不還了？當然不好，這會影響你在銀行的信用狀況。不過，你可以延長還款年限，讓每個月還款金額降低，增加套利所得。用哪一筆基金來還呢？我建議要用「小確幸基金」。

我之前有提到「有節制的小確幸」的觀念，就是列出小確幸的優先順序。因為你有學貸要還，所以只好犧牲一部分的小確幸。如果你每個月還能從24,000元的生活費基金中擠出清償學貸的錢，那當然是很好，這樣就不會犧牲到小確幸了，而且這樣或許還更能鼓勵你努力省錢。請盡可能不要動到每個月6,000元的大夢想基金喔！

其他的貸款，也能不急著還嗎？只要符合以下條件就可以：

每年投資報酬率－貸款利率＞定存利率（1％）

除了目前相對處於低檔的房屋貸款和助學貸款外，其他任何貸款應該都很難符合以上的條件，因為很難找到每年可以穩定給你超過10％投資報酬率的金融商品。

第三篇

一次讓你看懂所有的金融商品

♦ 絕大多數的人一生只買得起一間房子，因此「買得起」比「能增值」重要得多。

♦ 不把保險看成是「儲蓄」和「投資」的工具，保費一定可以便宜很多。

♦ 值得買進的股票，應該同時具備每年要有穩定的股息，有價差可以賺，而且永遠不會下市變壁紙的三個條件。

♦ 黃金和外匯都應該在「需要」的時候去買，而不是以為會「賺錢」的時候。

♦ 不懂的東西，就不該拿來投資，因為那絕對是投機的行為。

風險 VS 報酬：誰說定存是零風險？

每個月存6,000元，然後就一直放在銀行嗎？當然不是了！

銀行活期存款利率只有0.1％，也就是說，6,000元存一年，只有6元的利息，連一顆茶葉蛋都買不起。一年期定期存款利率大約在1％左右，存一年有60元的利息，勉強買得起一個菜飯便當。

為什麼大家第一個想到的理財方法就是「存銀行」呢？因為「沒風險」（但，真的嗎？）而且總不能藏在家裡，一來怕被小偷偷走，二來怕自己拿去亂花，三來更怕藏到後來找不到。存在銀行，當然不怕被偷，而且只要自己不提領，帳戶裡的金額絕對不會變少，不像其他的投資都有可能發生虧損。

我相信大家都知道「風險」和「報酬」是同步的，因為如果風險很高，你當然期望報酬要很高，才值得你去冒險，所以我們常常聽到人家說「賠錢的生意沒人做，殺頭的生意有人做」。如果你希望風險很低，怎麼可以期望有很高的報酬？

如果哪一天台灣銀行把定存利率提高到5％（還不用高到軍公教人員退休優惠存款利率的18％喔！），我相信所有的台灣人都會把錢通通存進去，因為台銀不會倒，還有5％的利息可領，真的有這種好康時，大家幹嘛還要冒風險去買股票呢？不過，這當然是不可能的事。

回到存銀行的現實面，就「金額」來看，風險肯定是0，但就「實質購買力」來看，風險可是高達100％。因為1％的利率絕對不敵每年至少3％的通貨膨脹率。舉個例來說，今天吃碗排骨麵要100元，你省下不吃，把錢存到銀行，過一年之後領出來，變成101元，但這時的排骨麵肯定已經漲到105元，你就吃不起了。任何投資都是以賺錢為目的，但如果一開始投資就註定賠錢，風險當然就是百分百了。

　　不把錢存在銀行該怎麼辦？接下來，我會介紹各式各樣的投資工具給大家，而且會以小資族的資金狀況，給予明確的答案。

　　再來，第一筆6,000元從薪資帳戶轉出來，就要馬上領出來做投資嗎？請等等，但不是要你「停、看、聽」，而是要等存到第四個月，至少有24,000元之後才開始。為什麼是24,000元？有專家不是說幾百元就可以開始了嗎？別急，讓我從下一篇開始，慢慢為你解釋。

理財VS投資：別以為理財就是要賺錢

　　我每次演講，總是喜歡從這個最基本的觀念談起：「理財」就是「投資」嗎？若沒搞懂這兩者的區別，很可能就踏出錯誤的第一步。

　　先就「理財」一詞來說文解字，「理」是「管理」，「財」是「財產」，而且當然是「自己的財產」。「管理」並不意謂著「要從中賺錢」，因此，「理財」的範圍比較大，「投資」只是其中的一項。

　　例如你把錢存在銀行，會期待它幫你賺錢嗎？誠如前一篇所說，銀行定期存款根本就是註定賠錢的，更遑論放在活期存款帳戶裡了。為什麼你還要把錢存在銀行裡？因為你不敢放太多錢在家裡，所以只好放在銀行裡，這難道不是一種「管理」嗎？因此，存在銀行的目的是「保管」，這就是理財其中的一項功能。

　　理財還有兩項功能，一是「保值」或「保障」，不一定是為了賺錢；二是「投資」，其目的當然就是賺錢了。哪些金融商品屬於前者？哪些又屬於後者呢？如果你無法做正確的區分，輕則賺得太少，重則影響你一生的財富。

　　先從大家應該都會買的「保險」談起。你買保險，是為了賺錢嗎？有些人真的是為了賺錢，因為他們對其他金融商品的風

險非常懼怕，只好拿保險來當作賺錢的工具。以前的壽險顧問都跟我們談「保障」，現在都在談「投資」，不過我對保險的態度傾向前者，因為保險公司在這個低利的時代，都賺不到什麼錢了，怎麼還能在理賠之外，提供不錯的投資報酬率給保險的購買者？充其量只比定存利率好一點點而已。

「買房子」總該是為了賺錢吧？我還是認為不一定。很多人一輩子只能買一間房子，如果他根本不會去賣房子，怎麼可能會賺到錢？把買房子當成「投資」的工具，其實是害了你。如果把它當成「保值」的工具，你可能就有意願努力來達成。投資當然有賺有賠，但買來保值，至少有一個穩定的家庭生活。我認為，買第一間房是先求「保值」，買第二間房就是「投資」了。

買股票呢？當然是「投資」，因為賺錢就是它唯一的目的。能賺錢的股票，就該買；不能賺錢的股票，當然不該買，這是淺顯易懂的道理，但絕大部分的人都做錯而賠錢。

基金、期貨、外匯、黃金、債券呢？請你自己先想想看，我在後面的短文都會一一為大家說明。

保險不是拿來賺錢的

「保險」是現代人一定要買的金融商品。俗話說得好:「天有不測風雲,人有旦夕禍福。」花一點保費,以防萬一。就算生了重病、出了意外,都不會把自己的經濟狀況瞬間拖垮,甚至還連累家人。保險設計的初衷,就是在提供「急難救助」的功能。請問,有人會為了得到理賠,而情願自己生病或出意外嗎?除了有心的詐保外,我相信沒有人願意拿到這筆錢。

既然沒有人想賺理賠,保費就應該付得愈少愈好。理賠金額愈高,保費相對就高,但沒有人希望自己生病或出意外,所以如果付了高額保費,就會非常划不來,而對小資男女來說,更會造成沉重的負擔。

為什麼壽險顧問都建議你要提高保額?他們的理由一定是:「萬一生了重病或出了重大意外,才有足夠的保障。」話是沒錯,因為沒有人能否認這種情形不會發生,但我會建議在你手頭比較寬裕的時候再來增加,不然一定會排擠到你目前的日常開銷,還有偶爾的小確幸,甚至影響到你更大的夢想。

很多人不甘願存銀行只能領那麼少的利息,所以就買了很多保險,美其名是「用保險來強迫自己儲蓄」。這個理由其實似是而非,因為一旦買了「保險」,資金就會被凍結好多年,完全喪失自主性,若有急用,解約要賠,借貸出來還要支付利息,

但「儲蓄」則充滿靈活性，就算解除定存，也只不過少了利息而已。難道不買保險，你就沒有存錢的決心了嗎？

還有很多人不敢去買價格波動很大的股票，就把保險當成投資工具。因為目前金融市場利差很小，保險公司能提供的理賠權益已經大不如前，所以現在的的壽險顧問，對客戶的訴求不再是「保障」有多少？而是「報酬率」有多少？「儲蓄險」和「還本險」的報酬率固定而明確，而「投資型保單」在銷售時，多半都會提供一個「預定報酬率」來做參考，但請注意，這裡用的是「預定」這兩個字，也就是「假設」，而不是「保證」喔！你能得到什麼報酬率，要看你挑的是和這張保單連結的哪幾檔基金而定。

如果你在買保險的時候，不把它看成是「儲蓄」和「投資」的工具，保費一定便宜很多，然後把省下來的錢去買本書後面要介紹的兩檔投資標的，報酬率一定遠優於以上這些保險。

最後再強調一次，保險變現的靈活度是非常差的，對小資男女非常不利。

租房子才是上上策嗎？

買房子？還是租房子？我想這是現在所有年輕人都必須面臨的重大決定。不過，就我這幾年在演講場合碰到的年輕人，70％以上都主張租房子，尤其是陳文茜說的一句話：「聰明人都租房。」更堅定了他們的信念。

租房優於買房的第一個理由是薪水這麼低，連生活都成問題，哪有可能買房？如果你的薪水真的只有22K，而且一輩子都這樣，當然買不起，但是你如果努力工作，薪水一定能逐年增加，或是被同業高薪挖角，所以不要老拿現在的薪水，來否定自己未來可以買房的能力。

第二個理由是帝寶這種豪宅每坪動輒兩三百萬，即使不買豪宅，台北蛋黃區每坪100萬上下還是跑不掉，哪有可能買得起？這個理由很可笑，誰說買房非得買豪宅或蛋黃區的房子呢？

所有的房地產專家都只有一個論點，就是買房子唯有買在好地段，才有增值空間。這個論點絕對沒有錯，但我估計絕大多數的人一生只買得起一間房子，因此「買得起」比「能增值」重要得多，因為你或許根本不會把房子賣掉。

最堂而皇之的理由是「不要做一輩子的屋奴」。說來也是振振有詞，因為沒有房貸的壓力，生活的品質和品味，絕對比買

房子的同輩朋友高出許多。但是，這些花費可能都是短暫的享受，很快就成過眼雲煙，哪裡比得上一間房子的「保值性」？很多人更主張把買房的錢省下來，然後透過積極的投資，可以賺得更多。試問，你確定自己真的那麼厲害，買賣股票絕對會賺錢嗎？

現在醫學發達，大家都有機會活到100歲，但失去工作的年齡又不斷的提前，萬一你在50歲就失業，屆時如果連屬於自己的房子都沒有，請問要怎麼活剩下的50年？一來可能找不到願意租房子給老人家的房東，二來就算老了還租得到房子，也要確定每個月都能投資獲利來繳非繳不可的房租，如果再遇一次類似2008年的金融海嘯，怎麼辦？為什麼陳文茜敢一輩子租房子，因為就算沒人租給她，她也買得起房子。

別忘了你正在存一筆大夢想基金，只要每個月有紀律地存6,000元，就有機會買房子。如何做得到？看完本書，希望你就能有做到的信心。我只是期望大家不要太快否定買得起房子的可能。

股票真是讓人又愛又怕

前幾篇淺談的保險和房地產，在我認為，都是以「保值」為目的，接下來談的則都是以「賺錢」為目的的投資工具。

「股票」絕對是大家最熟悉的投資工具，因為它的資訊最多，取得也最容易，所以可說是進入門檻最低的一種。我身邊有些小資男女卻告訴我，他們對股票有恐懼感，一來好像要花很多時間去學，但也不保證能賺到錢；二來他們認識很多親戚朋友都在股市賠了很多錢，甚至慘到家破人亡。賠錢真的是買股票的宿命嗎？但所有人投入股市，都是因為相信自己有能力賺到錢。

什麼是股票？它是表彰你擁有一家公司股份的憑證。以前有實體的股票，每張面額1萬元。買一張，代表你擁有1,000股，每股面額則為10元，以後公司賺或賠，都按你的持股比例去分配。公司股票若有上市或上櫃掛牌，你就可以透過股市公開交易，但股價可能比面額10元高，也可能不到10元，完全取決於公司的經營能力和投資人的期望。如果公司股票沒有掛牌，要買賣就會是一件很麻煩的事。

在股市交易的基本單位是一張，而由於一張股票代表1,000股，所以如果股價是50元，買一張就需要5萬元，還要加上付給證券公司一點點的手續費。當然，也可以交易零股，也就是1～999股，但因為只能在收盤後交易，所以成交並不容易。現

在，一張台積電的股票要超過 20 萬元，小資男女可能買不起，那就只好買零股，才能參與台積電的經營成果。

股票交易時間是周一到周五的上午9點到下午1點半。股價是分分秒秒在變動的，大部分人都想買，股價就會漲，反之都想賣，股價就會跌。股票的迷人就在於賺價差，例如你買進的成本是每股50元，後來漲到52元，你把它賣了，一股賺2元，一張就賺2,000元（不過，要扣掉券商收的手續費和政府課的證券交易稅）。萬一它跌到49元，你把它賣了，一張就賠1,000元，還要加上手續費和證券交易稅[註]。不賣可以嗎？當然可以。等到它漲回50元，你就不賠了，但萬一它一直跌，你的虧損將愈來愈大，或許你就會懊惱「早知道49元就賣了……」。

要買什麼股票才會賺錢？要什麼時候賣，才會賺到最多的錢？萬一股價跌了，又要什麼時候賣，才會賠最少的錢？這就是所有投資人汲汲營營要學的技巧。

[註] 手續費 = 總金額 x 0.1425%

　　證券交易稅 = 總金額 x 0.3%

一分耕耘，一分收穫？

　　前一篇提到，投資人必須學習如何判斷買股票的標的和時機。要買什麼股票？得靠「基本分析」，該什麼時候買？什麼時候賣？則要靠「技術分析」。這兩門都是非常高深的學問，但真要努力學習嗎？那倒也未必。關於這一點，往後會有進一步說明。

　　要買什麼股票？當然是要買股價會漲，甚至會大漲的股票。怎麼找呢？要仔細看 1,500 家以上公司的財務報表，找出經營績效好的公司，這就是投資人該做的「基本分析」。只要經營績效好，照道理股價就會漲，但這牽涉到兩個問題和一個迷思。問題是你有沒有閱讀財務報表的能力？就算有能力，你有精力看遍所有公司的財務報表嗎？我估計 90％以上的投資人沒有能力讀，99.99％的投資人沒有精力看。迷思是很多會漲的股票不一定有好的經營績效，甚至還有可能是賠錢的公司。

　　2017 年股市重回萬點的功臣就是所謂的「蘋概三劍客」（靠生產蘋果 iPhone 手機賺大錢的三家公司）：台積電、鴻海、大立光。這三家都是大家耳熟能詳的大公司，根本不用看財務報表，買就對了。為什麼大家不買？一來，貴了點，台積電一張當時要花 20 萬元以上，鴻海 10 萬元以上，大立光更嚇人，一度超過 600 萬元！二來，大家都以為自己可以買到漲幅比這三家更大

的股票，結果大多數都沒漲，甚至還下跌：「賺了指數，賠了差價。」換句話說，指數漲了很多，但手中的持股卻漲不多，甚至還賠錢。前面的「賺」是假的，後面的「賠」倒是真的。

沒能力沒時間閱讀財務報表，就只好到處打聽明牌。明牌從哪來？有時是親朋好友告訴你的，有時是看電視上投顧老師推薦的，或是參加講座聽來的、報紙上看來的。試問，親朋好友、投顧老師、講師、記者有義務幫你賺錢嗎？如果沒有的話，你為何要聽他們的話？

「一分耕耘，一分收穫」用在任何地方，都是正確的至理名言，唯獨在股票投資上，兩者卻不一定相關。很多人廢寢忘食鑽研財務報表，每天看好幾份報紙，整天盯著財經電視節目看，又買書又聽演講，結果絕大多數這麼認真的人照樣賠錢。他們難道不努力嗎？其實真的不用這麼累，買那些有名的好公司，就好啦！

我可以斬釘截鐵地說，請各位小資男女放心，真的不用花精力去做基本分析，就能從股票投資中賺到錢。只要買大家都聽過的各產業龍頭股，然後找到對的時機買進或賣出即可。時機怎麼找？這就要懂「技術分析」了。

別花錢學技術分析了

　　很多人認為基本分析太難了，而且財務報表揭露的是「過去」的經營績效，但是買股票應該是要買「未來」有潛力的公司才對，如何才能知道哪家公司有未來成長性呢？這時，理財專家都會說「股價自己會說話」，只要學會各種技術指標的研判方法，就能找到股價低檔，應該進場買進的時候，這就是「技術分析」廣受投資人愛用的原因。

　　技術分析可以參考的指標太多，方法也五花八門，我無意在這裡教大家所有的技巧，因為只要懂一項，其實就夠了。別急，這在本書的後半部就會提到，因此我在這裡只講原則性的重點。

　　一個公司不會因為確定經營碰到困難，股價才開始下跌，而是投資人看到股價持續下跌，才驚覺原來這間公司的經營早就出了問題。同理，股價絕對不會等到公司確定轉虧為盈才開始上漲，而是早在默默出現轉機時就不再跌了。既然股價的反應都領先事實的發生，這時技術指標確實能讓投資人洞燭機先。

　　很多人都誤以為只要學好技術分析，就能在股市賺大錢，甚至願意花上萬元，還有幾十個小時去學，但哪有那麼好康的事？因為技術分析通常有兩大盲點：

第一，技術指標常會鈍化，因為個股充滿想像空間。

我們常會發現明明指標已經在低檔，但它還是繼續跌，這就是所謂的「鈍化」，因為投資人看壞一支股票，就會一路看壞到底，錯過可以買進的時機，真的會在股價底部買進的人，都是內部知情人士。反之，股價的技術指標已經過熱，該賣了，投資人卻持續看好，捨不得賣，真正能賣在最高價的人，其實也是內部知情人士，沒賣的結果，就是慘遭套牢。電視上大部分的投顧老師把技術分析講的活靈活現，說穿了，都是事後看圖說故事。事後分析，當然神準。

第二，個股常受人為操控，導致技術指標失去參考價值，而且股本（資本額）愈小，愈容易被有心人士擺布。

股本若大到像台積電有2,593億，請問誰有能力左右股價？因此，它是少數技術指標能夠信賴的股票。還有什麼很難被操控呢？那就是大盤指數了，因此它的技術指標的參考性相對也很高。

做了基本分析，不一定能選到會漲的股票；做了技術分析，也不一定能在正確的時機進行買賣。既然兩者很難兼顧，我情願選對「股票」，因為這比選對「時機」重要多了。

股息、價差、套牢

　　既然選對股票比較重要，那麼值得買進的股票應該具備哪些條件？

　　第一，要有穩定的配息。

　　一間公司可以每年穩定配發股息，就代表它每年都有賺錢，不會有時賺、有時虧，當然就可以認定它的經營績效很好，是值得買進的股票。以前有一個廣受上班族愛用的投資方法，就是在發薪水的那天買進一張中鋼股票，因為股價非常「牛皮」[註1]，通常都只有二十幾元，一般上班族都買得起。這是非常適合小資男女的投資方法。

　　近幾年很夯的存股術，也是要找到這種穩定配息的股票。不過，如果不能填息，或許就不適合當作存股的標的。何謂「填息」？舉例來說，你用每股50元買了一張股票，它一股配2元，結果配息後，股價跌到45元，你賺了2元的股息，卻賠了5元的價差，其實是每股賠3元，這就是沒有填息，或稱「貼息」，這種情形其實很常見。如果股價能一直維持在50元以上，價差至少沒賠，你就完全賺到2元的股息，這就叫「填息」。

　　第二，要有價差可以賺。

　　絕大多數的投資人都希望賺價差，因為領股息太慢了。股息殖利率[註2]「一年」有8％已經不得了了，個股「一天」漲

停板[註3]就賺10%，當然後者的吸引力更大。結果大家不管公司經營得好不好，只要認為會漲，就勇敢買進，結果經常事與願違，賠錢、套牢比比皆是。

第三，永遠不會變壁紙。

我們習慣稱公司倒閉或下市時，股票完全不能交易，就只能貼在牆上當壁紙。現在股票已經是無實體化，所有的持股都記載在集保存摺[註4]裡，若發生以上情事，是連貼壁紙的最後功能都沒有了。如果你買的股票變壁紙，就等於當初投入的所有資金從此歸零，這種例子近幾年可說屢見不鮮。股本愈小，發生機會愈大，但大股本的公司也不是一定不會，所以為什麼投資股票要懂停損，因為若不停損，或許有一天真成了壁紙，就欲哭無淚了。

要同時符合以上三個條件，至少可以稱做是「套牢也不必怕」的股票，在台股中，或許不到兩百支。本書的後半部，我將只講其中的兩支，保證簡單明瞭，易學易做。

[註1] 指股票價格上升或下降幅度不大，猶如堅韌的牛皮，無論拉扯，都不會有太大的變化。

[註2] 股息殖利率＝每股股息÷每股買進價格。殖利率愈高愈好。

[註3] 一支股票的價格最多只能比前一天股價漲10%，稱為漲停板。同時，最多也只能跌10%，則稱為跌停板。

[註4] 該存摺由「台灣集中保管結算所公司」統一製作、登錄，由券商轉交給投資人，以方便保管。

不好的投顧老師帶你住套房

前幾篇短文，我提到好幾次投顧老師，因為很多投資人都喜歡追逐他們推薦的股票。股市流傳一句名言非常到位：「好的老師帶你上天堂（賺大錢），不好的老師帶你住套房（買股票套牢）。」可惜的是，大部分的老師都是後者。

幾乎所有的投顧老師都不會推薦台積電、中華電、台塑等等大型股，因為顯不出他們獨到的選股能耐。他們最愛推薦那些名不見經傳的小型股，因為這才稱得上是「私房」、「獨家」。不過，這些小型股經常都沒有穩定的配息，成為「壁紙」的機會也相對較高，唯一吸引人的就是「可能」有價差可賺。請注意，只是「可能」，不是「保證」喔！

很多投資人都被某些不肖的投顧老師騙了，因為他們可能早就買了某支股票，然後在電視上吹噓它有多好多棒，結果你進去買，他們正好趁機賣給你，這是一件可以「合理懷疑」的事吧？以前甚至有投顧老師因為結合股市炒手坑殺投資人，還因此被起訴，最後關進牢裡。我太太很多年前也參加過某投顧老師的會員，看他電視上講得好神準，但真正聽他推薦去買的股票，卻大部分是賠錢收場的。

幾年前，有一部好萊塢電影《金錢怪獸》（*Money Monster*），就是在講一個投顧老師的故事。喬治‧克隆尼演一個在電視上解

盤的投顧老師，正在自吹自擂推薦的明牌有多準時，有一個觀眾卻因為之前聽信他的明牌慘賠，甚至搞到家破人亡，衝進正在直播的攝影棚綁架了他。茱莉亞‧羅勃茲演導播，必須設法和綁匪周旋，以便營救這位投顧老師。片中的綁匪曾怪投顧老師，口口聲聲說可以獲利18％，結果不只沒有賺，還賠得很慘。看到字幕打出「18％」的字樣，我還笑了出來，因為我之前寫的幾本書的書名都出現18％，但英文對白其實根本沒有這樣講。

一般影評對本片的評價不高，我們不必太在意，因為它還是傳遞了一個非常清楚的訊息：「千萬別100％相信投顧老師。」

各位看到這裡，一定很疑惑，基本分析和技術分析如果都不能依賴，投顧老師也不能完全信賴，而且還常聽到一句話：「千線萬線，不如一條內線。」自己根本不可能有內線消息，那該怎麼投資股票來賺錢呢？這時候，如果去買基金，讓專家替你賺錢，應該是一個好方法吧？！……

買基金，還不如買雞精

　　基金的發明，就是為了順應廣大投資人的需求。大家都不知該如何投資股票，所以乾脆集資請一個人來幫大家操作，因為大家相信他是專家，一定可以幫大家賺到錢，自己也可以省下很多時間和精力。

　　很多小資男女喜歡用「定時定額」的方式去買基金，選定每個月的某一天，由發行基金的投信公司扣款一定的金額，依當天基金的淨值去買進等值的單位數。這種方法就不用去擔心買進的時機是否恰當，或許有時候買到比較貴，但一定也會有買到比較便宜的時候，但長期下來，至少會是一個平均數。這絕對是一種非常穩健的投資方法，但「方法」對了，「標的」不一定對。

　　在幾百種，甚至上千種國內外各式各樣的基金中，你該如何挑選呢？這其實比挑股票還難。把所有的基金過去的績效拿來比較，挑最好的來買，不就好了嗎？但基金廣告一定有這句話：「經理公司以往的績效不保證最低投資效益。」因此這種評選方式仍存在很大的風險：你買的基金原本績效很好，結果基金經理人卻被同業高薪挖角離開了；或是去年績效好，今年卻非常差；最糟的是操守不佳，和股市作手勾結傷害基金持有人權益，這些情形都經常發生，你拿他們毫無辦法，只能自求多福。

你向投信公司申購基金，他們是不可能向你保證穩賺不賠的，但他們無論賺賠，都要跟你收手續費和管理費，所以還不如自己操作，至少不用支付任何費用。

有一句話說得好：「股市只有贏家和輸家，沒有專家。」因此，你不用妄自菲薄，或許你自己操作，還不一定會輸給那些基金經理人。同時，自己做的決定，即便賠錢也怨不得人，比較不會因為基金經理人的無能或坑殺而覺得鬱卒。

如果你就是對自己沒信心，只好去買基金的話，我有三點建議：

一、選擇你最熟悉的市場基金，千萬別聽理財專員說得天花亂墜，一會兒叫你買新興市場基金，下次又要你買貴金屬基金，除非真的懂這些市場或那些商品，否則還是別碰吧！

二、不要買海外基金，因為它有兩層的風險，一是投資的績效，二是匯率的波動，有時明明投資是賺錢的，但匯差卻吃掉所有的獲利，甚至還倒賠。

三、去買ETF（Exchangeable Trading Fund，指數型基金）。這是股神巴菲特說的，你總相信吧？

你知道東歐有哪些國家嗎？

　　我先來問兩個問題：「斯洛伐克和斯洛維尼亞，是同一個國家的不同翻譯嗎？屬於東歐嗎？」不知道有多少人答得出來？但我相信買東歐基金的人，一定比知道答案的人要多。這就是很多人買基金常犯的毛病。

　　我有一次在開車的時候，完整聽了名主持人夏韻芬在她的節目中，與一位基金專家的對談，以及節目後半段開放 call-in 時，這位專家和很多聽眾的問答。我是邊聽邊搖頭，因為每一個打電話進來的聽眾，都買了一些他們肯定很陌生的市場或商品類基金，而且都套牢很久，甚至虧損都非常嚴重，希望專家指點迷津，該賣？還是續抱？換成是我在回答的話，我也很不忍心建議他們認賠出場。

　　有人買了東歐基金、拉丁美洲基金，也有兩、三個聽眾都買了礦業或生技基金，我相信他們當初都是聽了理財專員的建議去買的，因為當時這些基金的績效一定是不錯的，但能否持續到現在？其實是需要一直追蹤。不過，很多人都沒有去定期檢視基金的績效，而是等到淨值攔腰砍半時，才驚覺大事不妙，卻又像買股票一樣的心態「不賣就不賠」，過了幾年之後，大概都已萬劫不復了。

我不能理解的是，為什麼大家要去買陌生的基金？如果大家買的是台股基金，至少每天都知道股市行情的變化，不至於不聞不問。反觀若是買了那些陌生的基金，因為資訊取得非常不容易，結果常常買了之後，就再也不管它們了。

　　看過杜琪峰執導的金馬獎電影《奪命金》嗎？何韻詩在片中演一個業績很差的銀行理財專員，為了達成業績、免得被資遣，就拚命推銷一些風險極高的金融商品，給那位什麼都不懂的大嬸。為了符合規定，必須對客戶做一些制式的訪談，但她才不管大嬸懂不懂，只要留下做過這些訪談的錄影紀錄就可以交差了。整個銷售基金的過程非常冗長，看得差點打瞌睡，但就在即將昏睡過去之際，赫然發現這不就是我們曾親身經歷的過程嗎？想通之後，恍然大悟，繼之莞爾一笑。請問，你是不是也在同樣的情形下，買了很多陌生的基金？

　　最後，我來揭曉本文一開始那兩個問題的答案：斯洛伐克和斯洛維尼亞，是兩個不同的國家，前者的國名是Slovenská，後者的國名是Slovenia，它們都不屬於東歐，而是兩個位於中歐的小國。

買基金，唯一指名ETF

　　股神巴菲特在2005年，曾跟一個基金主管打賭50萬美元。賭什麼呢？巴爺爺選了一檔追蹤標普500（S＆P 500）的ETF，他的對手則從他旗下管理的基金中挑了五檔績效最好的基金，然後持有到2015年，總共10年期間，看看誰的報酬率比較高？（別忘了，這中間還發生了2008年的金融海嘯。）誰贏了呢？當然是愛喝可樂的巴菲特，不然他怎麼會是股神？他的ETF累計報酬率是85％，而他的對手五檔基金的平均報酬率只有22％，連其中表現最好的基金照樣輸給ETF。

　　我們稱一般的基金是「主動式」的基金，而ETF則是「被動式」的基金。前者的績效取決於基金經理人「主動」選股的能力，而後者則是透過精密計算的持股成分和比例，來和所連結的指數做到幾乎一致，也就是完全「被動」貼近指數的走勢。換句話說，一般基金有可能打敗大盤，但也有可能會輸，而ETF則只是跟大盤幾乎相同而已。有人做過統計，以一年來看，60％的基金會輸給大盤，拉長到10年，有70％會輸，再拉到更長的20年，則有超過80％會輸。因此，買ETF的勝算真的比較大，但買ETF並不是一定穩賺不賠，當大盤跌的時候，它照樣會賠錢，只是虧損的情形和大盤跌幅非常接近罷了。要在下跌趨勢中買到仍然賺錢的基金，不是不可能，只是機率非常低，所以還不如買ETF的風險相對低一點。因此巴菲特曾在公開場合講過多

次類似的話：「大家如果有積蓄的話，可以買指數型基金，根本不用聽我這種理財顧問的話。」

我在2012年底出版的第一本書《只買一支股，勝過18％》中，提到的這一支股，就是目前台股中最具代表性的ETF「元大台灣50」（0050）。如今，投資人也看到它簡單安全的特性，而成為近年投資的顯學，不僅發行的標的已經超過100檔，每天成交量也達到股市交易總金額的10％以上。

ETF不必向投信公司辦理申購，買進或贖回都無須填一大堆表格，也不必依當天淨值買賣，而是和交易股票一樣方便，盤中隨時可以市價來進出。

買ETF，再也不用花時間和精力做基本分析，更不需要到處打聽明牌，甚至完全不需要任何內線消息。因為它連結大盤指數，大盤不可能受人為操控，所以技術分析也比較有參考性。最重要的是，只要股市存在，ETF就永遠不會變壁紙。

買ETF，不如玩期貨？

每次應邀演講理財主題時，我都會一再強調ETF的優點，此時總會有人問我：「既然ETF只是隨指數在漲跌，為什麼不乾脆去玩指數期貨？」我也總是這樣回答：「兩者的差別就在於『風險』兩個字。」

買進ETF萬一套牢，還有穩定股息可以領，而且耐心等待，應該總有一天會解套，但期貨卻是採取保證金交易，而且每個月都有到期結算日（每個月的第三個星期三），一來盤中保證金若不足，就會立刻被強迫認賠（俗稱「斷頭」），二來到了結算日，也要強迫把賺賠通通都結清。

小資男女會對期貨躍躍欲試，是受到「以小搏大」這四個字的鼓勵，但我認為其實是受到「誘惑」。玩期貨，同樣不需要做個股的基本分析，只要懂技術分析就可以了，因為不是漲，就是跌。看對方向，每一點指數賺200元，看錯方向，就賠200元，可謂一翻兩瞪眼，簡單乾脆。很多人都想著只要看對10點，不就賺2,000元嗎？一天正常漲跌大約在50點左右，每天只要掌握10點，應該不會太難吧？！

別只想賺，如果看錯方向怎麼辦？期貨的交易單位是「口」，玩一口「大台指」，至少需要存83,000元的「原始」保證金，而期貨公司規定，萬一因為你看錯方向，以致前述金額不

到 64,000 元的「維持」保證金水準，而你又無法立刻拿現金來補足時，他們是可以直接幫你賣掉，你就確定賠了至少 19,000 元[註1]。你看錯幾點，就會賠 19,000 元呢？答案是 95 點[註2]。千萬別以為這種大漲大跌接近百點的機會不多，只要碰到一次，就會賠很慘。小資男女們若有 83,000 元，還不如去買績優股，而且你的積蓄夠你賠幾次 19,000 元呢？

2017 年指數即將挑戰萬點時，金管會副主委曾抱怨年輕人都不買股票，被網民罵翻，因為沒錢是要怎麼買啊？結果某期貨公司董事長竟然還說：「買不起股票，就來玩期貨。」這個建議更可笑，因為期貨保證金更高啊！

剛剛我指的是「大台指」，若你玩「小台指」，保證金只有前述金額的 1/4，當然每點獲利也只有 1/4，也就是 50 元，得每天看對 40 點，才能賺 2,000 元，這個目標就相對困難多了。

不要只想到「以小搏大」可能帶來的利潤，而是要先想到自己能否承受得起這個巨大的風險。請記得，期貨是給口袋很深，風險承受能力超高的人玩的遊戲！

[註1] 83,000 元 − 64,000 元 = 19,000 元
[註2] 19,000 元 ÷ 200 元 = 95 點

我要的不多，一天只要10點

投機大師科斯托蘭尼（André Kostolany）曾經說過：「有錢人可以投機，錢少的人不可以投機，沒錢的人必須投機。」請不要把自己當作第三種人，因為如果你真的照本書的建議，每個月有紀律地存6,000元，你只能算第二種人，也就是「錢少的人」。如果你連每個月存6,000元都做不到，更不可以投機，因為它會讓你真的什麼錢都沒了。

我最怕小資男女有一種天真的想法：「我要的真得不多，只要每天在期貨市場賺10點就好，一個月算20個交易日，就可以賺40K，比上班還要好。」

這是大錯特錯的想法。你去問真正的期貨高手，他們也不敢這麼篤定。賺10點看來簡單，但實際狀況會複雜得多。假設一個月賺200點是你的目標，讓我從某個月的第一天開始幫你設算。萬一第一天行情非常沉悶，你根本無法進場，沒賺到10點，到了第二天，你當天必須賺到20點，才能符合進度。不幸的是你看錯方向，反而賠了10點。你知道到了第三天，你當天要賺幾點，才能符合進度嗎？ 40點！ 萬一你第三天又賠20點，第四天當天至少要賺70點[註]，這就開始難了吧？ 千萬別以為上過課、看過書，你就會成為期貨高手。認分工作，絕對比較實際！

以上的例子只是小輸10點或20點而已，你若碰上指數上沖下洗的一天，只要一天就好，就足以讓你陣亡在期貨的殺戮戰場。容我舉2016年美國大選當天的股市為例，讓你知道期貨市場的凶險。

當川普的得票逐漸領先希拉蕊時，股市開始狂跌，大家拚命放空期貨，而且大部分人當天應該都會繼續把空單留倉，因為隔天肯定會繼續跌。川普當選本是大利空，因此這樣做，99.99％是正確的。不料，隔天股市居然戲劇性大反彈，放空者全部慘賠，有些人甚至還反手再做多。豈料第三天又大跌，所有做多的人註定要二度賠錢。我們常說這種情形叫「多空雙煞」或「兩面挨耳光」。據說很多期貨高手在這這三天的震撼教育中，都慘賠數億元以上（如果你完全看不懂我在寫什麼，反而要恭喜你，這樣你就不會去玩期貨了）。

以下的四字箴言，是我冒著可能被期貨從業人員追殺的風險，也要對小資男女在面對期貨誘惑時的建議：「千萬別碰」。

[註] 10點 × 4天 ＝ X點 - 10點 - 20點，X ＝ 70

選擇權是期貨的兄弟

前面曾提過，玩一口「大台指」需要先存83,000元的保證金，應該不是一般小資男女負擔得起的。期貨公司很聰明，就發明了進入門檻非常低的「選擇權」，甚至只要5元就能開始玩。這才是真正的「以小搏大」嘛！

什麼叫「選擇權」？就是你只要付少少的權利金，去猜指數會漲（或跌）到幾點，如果猜對，就賺錢，猜錯，也只是損失所有的權利金，可謂「風險有限，獲利無限」。

假設某一天大盤指數收在10,400點，而你認為指數在結算日（和期貨相同）會漲到10,600點，就請你先付一些權利金，假設是30點，每一點統一價50元，所以要付1,500元。這種做法叫做「買買權」（buy call），因為你「相信」會「漲」。愈接近當時的指數，權利金就愈貴；離當時指數愈遠，當然就愈便宜（為了說明簡單起見，本文所有的計算都未計入手續費和交易稅）。

如果結算日沒有漲到10,600點，你的權利金就會通通被沒收，損失1,500元。如果漲到10,605點，雖然你賺5點，期貨公司會給你250元，但你當初付了1,500元的權利金，所以你還是賠1,250元。如果漲到10,650點，你賺了2,500元，扣除權利金，淨賺1,000元。

並不是說付了權利金，就一直要等到結算日才確認賺賠。如果隔天大盤繼續漲到接近10,500點，當初你買的「買權」權利金一定會跟著漲，假設漲到70點，你也可以立刻把它賣了，就賺2,000元[註]，若你當初買10口，就賺20,000元。

　　但請記得，如果愈接近結算日，愈不可能漲到10,600點，那麼權利金就會急速歸零，一般最後報價都是0.1點，5元就能買了，雖然便宜，卻肯定虧掉。

　　若你認為結算日會跌到10,000點，就去「買賣權」（buy put），假設權利金是10點，買一口要500元。若認為會跌破9,600點，因為差了800點，幾乎不可能，所以權利金只要1點，也就是50元。賺賠的計算方法和交易模式，與前面的例子完全一樣，只是變成指數跌，你的「賣權」權利金會漲，指數漲，權利金就會跌了。

　　聰明如你，一定會想說，如果不相信指數會漲，可不可以「賣買權」（sell call）？不相信指數會跌，可不可以「賣賣權」（sell put）？別急，下一篇短文就會說明。

　　如果你看到這裡，完全看不懂，別氣餒，我反而要恭喜你，因為你就不會冒高風險去玩選擇權，而且建議你直接跳過下一篇短文，不必看了！

[註] (70點－30點)×50元＝2,000元

世上沒有不勞而獲的事

在前篇短文裡，我談到「買買權」（buy call）或「買賣權」（buy put），都是要「支付」權利金，而我在這一篇，則要來談「收取」權利金這件事。如果你不相信指數會繼續漲，你可以「賣買權」（sell call），然後收取權利金；如果你不相信指數會繼續跌，你就「賣賣權」（sell put），同樣可以把權利金收到口袋裡。

再用前篇短文的例子來說明。如果你不相信指數會漲到10,600點，這時你賣買權，就可以收到30點的權利金，也就是1,500元。不過，不是當場給你，要等到結算日才給你，在等待的期間，你還要支付一筆類似期貨的保證金。如果一切如願，在結算日收盤後，權利金就能順利落袋，保證金也會還給你。我曾經一度靠這個方法賺了好幾個月，發現世上居然有一種可以「不勞而獲」的人生。

當然，你也可以不必等到結算日才拿錢。當你賣買權之後，指數真的一直跌，愈來愈不可能漲到10,600點，這時權利金就會跟著跌，假設跌到5點，你就把它買回來，這樣可以賺1,250元[註]。雖然比原先全拿的1,500元要少，但就沒有任何風險了。因為萬一隔天起，突然大漲了，怎麼辦？

萬一一路大漲，到了結算日漲到10,900點，你就賠慘了。得賠給期貨公司300點，也就是15,000元，然後扣掉收的權利

金1,500元，還是賠了13,500元。因此，做選擇權的賣方，就是「獲利有限，風險無限」。我也曾有大賠的慘痛經驗，所以奉勸大家，千萬不要輕忽它的驚人風險。

那麼，可不可以賣11,000點的買權？因為這種情形幾乎不會發生，所以權利金只能收1點，也就是50元，你想賺嗎？如果漲到10,900點以上，這個權利金也會大漲，就算你不認賠，但保證金不足時，期貨公司照樣給你斷頭，說不定賠更慘。

賣賣權的情形很類似，只是方向不同，我就不嘮叨了。

簡單下個結論：做選擇權的買方像開車，常有擦撞，但致死機率不高；做選擇權賣方則像搭飛機，幾乎不會出意外，但只要出事，保證沒命。

看起來，好像很容易賺錢，所以非常多小資男女都趨之若鶩，但如果你沒有辦法在盤中盯著行情的變化做因應，是很難賺到錢的。最重要的原因是選擇權的「時間價值」在行情膠著的時候，會流逝得非常快，而台股大部分的時間都沒有劇烈的波動，所以還是別玩吧！

[註] (30點 - 5點) x 50元 = 1,250元

買不起台積電，就買它的權證吧？

　　「權證」可能是廣告打得最凶的金融商品，不只廣播節目中會聽到，而且有一度在台北捷運站和公車外的車廂廣告，也經常看到。它也是在訴求「以小搏大」，而以下這兩句廣告詞「對小錢有利，正是權證大魅力」和「再忍一下，我將變得不一樣」，更深深打動了小資男女的心。它究竟是什麼？

　　「權證」和「選擇權」很像，就是支付少少的權利金去賭某支股票會漲（或會跌）到什麼價位。小資男女可能買不起台積電，但一定買得起台積電的權證。台積電漲，它的權證也會漲，但它同樣有到期日，快接近時，權證價格也會跌到0.01元，真正到期時，就完全歸零（當然不能跟廣告說的那樣「再忍一下」）。如果標的股價走勢溫吞，權證價差也很小，其實不太好賺。雖然花費不多，但累積幾次賠下來，對小資男女來說，也會是很可觀的金額。

　　賭會「漲」的權證叫「認購權證」，賭會「跌」的權證則叫「認售權證」。我用台積電為標的的權證為例，來做一個簡要的說明：

　　假設台積電當天收盤為210元，有一檔它的「認購權證」的履約價為230元，行使比例為0.1，剩餘天數為181天，而當時這檔權證每股價格為4元，買一張只要4,000元，夠複雜吧？翻

成白話文是：「你認為台積電在181天後，股價會漲到230元以上，以今天收盤價210元計算，要漲20元，如果真的如此，你有權利用此價格向某某證券公司要求購買100股[註]的台積電，但要先付權利金4,000元給證券公司。到了181天後，漲到230元以上，證券公司不會真的賣給你100股的台積電，而是把你賺的差價付給你」。

另有一檔它的「認售權證」的履約價為200元，當天每股價格為3元，如果其他條件相同，翻成白話文就是：「台積電在181天後，股價真的跌到200元以下，你就有權利用此價格賣100股的台積電給某某證券公司，但要先付權利金3,000元給證券公司。」

權證價格會隨標的（台積電）價格的漲跌而波動，所以也可以不必等到期而結算，直接在盤中買賣也可以賺錢（當然也可能賠錢）。

買賣權證有一個很麻煩的地方，就是標的很多，發行券商很多，而權證商品更是多到令你眼花撩亂，所以要賺權證的錢當然要花非常多的精力去研究。試問，有必要傷這種腦筋，又不一定會賺到錢嗎？

[註] 1,000股（基本交易單位）× 0.1(行使比例) = 100股

債券投資，事倍功半

前幾篇為大家介紹的都是強調「以小搏大」的金融商品，因為風險很高，所以期望的報酬當然要比較高。這一篇介紹的「債券」卻完全相反，必須花很多的錢，但只能賺到很少的錢，為什麼這麼差的條件還會吸引人？就是因為它的風險一般來說是非常低的。

你可以把「債券」視為「借條」，成為債權人。例如，你把錢借給國家，它就給你一張政府公債。借錢給美國政府，一定100%安全，所以它給你的利息少得可憐；但你若是借給烏干達，因為會擔心它的政權是否穩固，所以就會要求給你很高的利息，不過，我相信你絕對不敢借錢給烏干達。借給我們自己的國家呢？你不敢說你擔心吧？只是你幾乎買不到政府債券，因為都被國內各大金融機構買光了。

如果把錢借給企業，你就得到一張該企業發行的公司債。與政府公債相同的道理是，你一定敢借給台積電，但利息肯定很少；相反地，如果某企業願意給你很高的利息，它的規模一定不大，其經營能力也一定不高。公司債相對政府公債而言，當然比較容易買到，但基本上不會低於10萬元，而很多績優公司的債息說不定還比定存利息少。公司債和股票最大的不同是，就算企業虧損，還是要付給債權人利息，但是卻不必付給股東

股息，不過萬一企業經營不善倒閉了，或許你連借給它的錢都拿不回來。

有些公司很聰明，它既不願意給債權持有人較高的利息，又想吸引大家借錢給他們，就發明了「轉換公司債」，跟你約定一個轉換成股票的價格，一旦市價高於轉換價，就會轉換成股票，它就不用還你錢了。如果一直沒有轉換的機會，它就必須付你利息，到期也須還本金給你。轉換公司債都能在股市中交易，不過成交量不大，要藉此賺錢，必須花較多的時間研究公司的經營能力和發行條件。

因為債券交易金額一般都很高，所以參與債券投資，通常都是去買債券型基金，現在最夯的就是其中的「高收益債基金」，特別是有些還強調「可以月配息」。不過，有兩點要提醒大家注意，一是「高收益」代表的其實也是「高風險」，風險不高，怎可能有高收益？二是「月配息」有可能是用你自己的本金配給你，它的廣告中一定有這句警語，但你可能沒注意到，而且它是說「配息率」，不是「報酬率」喔！

買外匯，純粹為了旅行就好

2017年，川普正式就任美國總統後，他就放話要制裁那些操控外匯的國家，因為他們的貨幣被低估了，害美國企業很難和他們在全球市場中競爭。台灣就自己對號入座，怕被川普列入外匯操控國，所以我們的中央銀行就默許台幣一路升值，在很短的時間內，就讓新台幣從32元升到30元兌換1元美金。同時，一度用新台幣26元就能兌換100日圓，讓大家覺得真是太便宜了，而且日本又是國人最愛旅遊的國家，因此拚命去銀行買日圓，甚至造成銀行日圓現鈔吃緊。

日本曾有一位家庭主婦渡邊太太，因為很會操作外匯交易而成為媒體紅人，也掀起一股日本民眾炒匯的熱潮，不過在台灣真的不容易，因為我們央行的13A總裁彭淮南可不樂見大家做這件事，因此新台幣的巨幅波動是很難看到的。

外匯投資一定要深入了解發行該貨幣的那個國家的政經情勢，比買賣台股要困難多了，因為資訊取得較難，而且研判經濟數據的能力要更強。以前很多人愛存澳幣或紐幣存款，因為該貨幣持續升值，而且存款利率也不錯，但你若不知高檔獲利了結，現在可能就無利可圖了。如何知道要獲利了結？就要看你對這兩個國家未來經濟發展的判斷能力了。

人民幣一度被認為有很大的升值空間，大家趨之若鶩去存人民幣存款，現在都嘗到了苦果。中國不是大國崛起嗎？怎麼人民幣卻狂貶？更慘的是，很多企業賭人民幣升值，結果慘賠，甚至因此倒閉也時有所聞。

大部分的外幣存款都是長天期，雖然利率相對台幣優厚很多，但時間愈長，匯率風險愈大，屆時也不是不可能發生匯損吃掉利息，甚至還倒賠的情形。很多人認為，投資外匯的風險小於股票，我倒認為不見得。除非你去投資非洲或太平洋小國的外匯，否則不致於發生像股票可能淪為壁紙的情形，但如果你買的是績優股，我就認為它的風險比外匯要小得多。

我想，應該沒有人會拿買賣現鈔來賺外匯的錢吧？因為銀行在買進和賣出的報價上，兩者的差距常常高達1～2%，必須台幣至少要貶2%以上才賺得到錢，其實真的不容易。小資男女們，別想成為渡邊太太，30元能換到1美金，26元能換到100日圓，就去買一些，做為下次的旅行基金，這樣何嘗不是一種「小確幸」呢？

別把黃金當股票看

　　黃金原本是一種以「保值」為目的的理財方法，但近幾年也成為很多人熱衷的投資工具。2008年金融海嘯之後，美國聯準會（全名為聯邦準備理事會The Federal Reserve System，簡稱Fed）推出美其名為「量化寬鬆」（Quantitative easing，簡稱QE）的政策，實際上就是狂印鈔票的舉動，來挽救瀕於崩潰的全球經濟。這時大家才驚覺紙鈔不再值得信賴，開始追逐最有保值功能的黃金，結果卻讓黃金出現了大幅飆漲的投機行情。

　　以前買黃金，是幾兩幾錢在買實體的黃金，不論是金條或金飾，都看得見摸得到，後來銀行發明了「黃金存摺」，讓大家可以用公克為單位來買，但卻只登載在存摺裡，看不到也摸不到真正的黃金，就像股票一樣，淪為虛擬交易。所有股票的術語和技術分析的方法，通通適用在黃金買賣上。媒體也捧紅了一位口條清晰、長相斯文的「黃金王子」，聽他分析行情，猶如股票投顧老師的口吻。

　　國民黨撤退來台灣，最自豪的政策就是從大陸搬來為數可觀的黃金，穩住了當時風雨飄搖的台灣經濟，在此姑且不論這是史實，或其實是日本人留下來的，但至少證明黃金絕對是亂世中唯一可以信賴的財產。在幾十年前，買黃金比存在銀行的鈔票還安全，曾幾何時居然成了投機的工具？

黃金一度來到每盎司1,900美元以上，這不叫投機，什麼才叫投機？後來歐洲、日本、中國也學美國狂印鈔票，世人才發現原來黃金不再那麼必要，自此行情一瀉千里。中國大媽以為黃金大跌就像股票一樣會觸底反彈，因此拚命搶進，結果卻慘遭套牢。

　　小資男女或許認為黃金一公克只要1,200元左右就能買，投資門檻相對不高，但現在買進，可能套牢的機會很高，因為黃金這幾年都是一路走低，而且走勢溫吞，加上銀行買進和賣出的報價差距約1％，因此不易獲利。

　　我認為黃金和外匯都應該在「需要」的時候去買，而不是以為會「賺錢」的時候才進場。什麼時候該買？訂結婚的時候，或看到漂亮金飾，配戴會讓自己開心的時候，就算當時有點貴，但幸福的感覺絕對是無價的。

　　黃金都不該當作是投資的標的了，更遑論去買對自己毫無意義，而且肯定接觸更少的白銀、白金、黃銅等等貴金屬了。請大家舉一反三，也不要碰原物料、農產品的基金，換句話說，就是不懂的東西，就不該拿來投資，因為那絕對是投機的行為。

不懂的東西不要投資

市面上的金融商品就算沒有多如天上的繁星，至少也多到令人眼花撩亂，加上業務人員的三寸不爛之舌，好像不買就會錯過發財的機會。究竟要怎麼挑選呢？我的唯一建議是「不懂的東西不要投資」。

我有一位大學同班同學在一家非常大的上市公司專門負責各項投資的專案。在連動債當紅的那幾年，他完全都沒買，我問他原因，他只說：「我看不懂，我就不會買。」連他這麼專業的投資專家都說不懂了，我真不相信有幾個人能看懂。聽了他的話，我才沒有聽信理財專員的建議去買任何連動債，因為他們解釋半天，我只聽懂兩句話：「利息比銀行定存好一點點，而且雷曼兄弟（Lehman Brothers Holdings Inc）是全球第四大投資銀行，絕對不會倒。」結果，雷曼兄弟還是倒了，而且釀成2008年的金融海嘯。當年買雷曼連動債的人都是非常保守，只敢把錢存在銀行的人，結果相信理財專員的話術，卻不敢承認自己不懂，把畢生積蓄付諸東流。

再有理財專員跟你推銷任何金融商品，你一定要問到完全懂，才去買，不然去買台積電、中華電就好了。

此外，還有那種完全不知道內容，只說每個月可以分紅多少錢的投資案，請絕對不要相信。這種事99.99％是騙人的，它

就是要不斷吸收他人投資，才能付給已經投資者原先承諾的分紅，如果後繼無人，你的投資就完全泡湯。這種老鼠會式的投資案，國內在1990年前非常盛行，最有名的就是「鴻源投資案」，當年也是把很多人害到血本無歸，甚至家破人亡，在國外則以「龐氏騙局」稱之，連前任美國證券交易所主席馬多夫（Bernard Lawrence Madoff）也靠這招狠撈數億美元，但最後還是鋃鐺入獄。請千萬不要相信一年投資報酬率可以超過10％的投資計劃！

最後，也請不要把藝術品當投資。我有位經營畫廊的朋友說：「你若認為一幅畫的價格很合理，那麼它絕對不會增值；若你覺得貴到買不下手，它才會增值。」藝術品的增值很可能只是炒作的結果。

記得我先前提過那位很愛收藏無敵鐵金剛公仔的朋友嗎？他是因為買了放公仔的房地產而賺錢，絕不是因為公仔增值而獲利，所以請讓興趣歸興趣，投資歸投資吧！

我無法把所有金融商品通通介紹清楚，只再提醒一次：「不懂就別碰！」

一張圖表讓你看懂所有金融商品

　　各位看完我在前面二十幾篇對各項理財工具的介紹後，有很清楚的概念和輪廓了嗎？如果還無法完全消化的話，我在此用一張圖表做總結，而且會明確標出每一項理財工具的風險性。星星愈少，代表風險愈低，反之則愈高。

理財工具排序	細目	風險性
保險	非投資目的的保險	★
保險	結合投資目的的保險	★★
房地產		★★
股票	大型產業龍頭股	★★
股票	有穩定配息的中小型股	★★★
股票	其他股票	★★★★
基金	台股ETF	★
基金	國外ETF	★★★
基金	台股基金	★★★
基金	海外基金	★★★★
期貨		★★★★
選擇權	買方	★★★★
選擇權	賣方	★★★★★
權證	剩餘天數在60天以上	★★★★
權證	剩餘天數在60天以下	★★★★★
債券	國內公司債	★★
債券	高收益債基金	★★★
外匯		★★
黃金		★★
其他		★★★★★

[註] 目前銀行定存利率小於通貨膨脹率，故不列入評估。

圖表是針對資金部位較小、風險承受能力較低的一般小資男女所提出的看法，其他資金較多、能承受較大風險的族群則不一定適用。

第四篇

第一支明牌

◆ 工作是正餐，投資是附餐。

◆ 選擇好的存股標的，才能繼續努力在事業上打拚。

◆ 情願買經營能力相對穩定，但股息殖利率可能較低的大型股。

◆ 存超過2萬元，就去買一張0056，然後「買了忘記它」。

◆ 只要能夠超過定存利率，又能打敗通貨膨脹率，那就是合理的價格。

好好工作，傻傻存錢

　　我在2016年的國際書展會場，親自為我當時出版的新書場叫賣。只要看到年輕讀者走過，眼神與我短暫交會時，我就會告訴他們：「好好工作，傻傻存錢。」大部分人都會突然愣在當場，因為從來沒有理財專家會要他們這麼做。

　　還有一次去某所知名國立大學的證券研究社演講，一開場我就問大家：「有沒有同學希望學好證券研究的方法，然後讓自己在30歲之前就能財富自由？」放眼望去，大約有十個人舉手。我看看他們，接著很嚴肅地說：「大家為什麼不想用自己的能力為這個國家社會做出貢獻，反而要早早放棄這種使命感呢？」

　　坊間有太多書籍以及各種投資講座，都在鼓勵年輕人要積極學習投資技巧，因此大家都希望靠投資迅速致富，而且一心以為「別人能，我為什麼不能？」結果工作不認真，加薪升遷都沒他的分，萬一投資又不順利，到頭來會對未來的人生更加惶恐。

　　我每次演講時，只要看到台下有年輕人在座，就會勸他們以後別再參加了，反而應該把這個時間拿去加強工作的專業技能或是語文能力，甚至是和朋友喝咖啡，或是拿來談戀愛，都遠勝來這裡學習投資技巧。

認真工作，絕對是年輕人最重要的一件事。或許很多人會說：「這樣賺，太慢了。」絕大多數的投資人都只想到「獲利」，卻常常忽略了「風險」。「投資」的成本是「金錢」，就算你非常認真研究，還是有可能賠錢，屆時這些錢就會從你的銀行帳戶裡消失了，風險極高。「工作」的成本是「時間」，只要你認真工作，就可能被加薪，會被高薪挖角，屆時銀行帳戶餘額一定會增加，何來風險？

我常說：「工作是正餐，投資是附餐。」有人只吃附餐，就會飽嗎？正餐是拿來吃飽、獲得營養的，附餐則只是用來提升這頓飯的幸福感。當然，也不會有餐廳允許你只點附餐，所以千萬別本末倒置。「工作」賺的是「薪水」，穩定性、達成性高，可賴以維生；「投資」賺的是「獎金」，絕對不要期望穩賺不賠。

我對年輕人的建議，永遠都只有這八個字：「好好工作，傻傻存錢」，但是，真的要存在銀行裡嗎？當然不是，而是存到了一筆錢，就去買有穩定配息的股票，把「存錢」變「存股」。

存台積電好？還是中華電好？

近幾年最夯的投資理念就是「存股」，因為賺價差太難了、風險太大了。找到每年可以穩定配息、股息殖利率又高於定存利率的股票，抱牢它們，雖不是致富的捷徑，但至少是一條安全平坦的大道。

小資男女要認真工作，哪有時間盯緊行情的變化？哪有心情整天掛念股價的起伏？選擇好的存股標的，才能繼續努力在事業上打拚。

以往存股的第一選擇一定是中鋼，但近年來它的經營績效並不穩定，這時出現在大家腦海中的，變成了台積電和中華電。但是，哪一個「電」比較好呢？過去，我常常在演講中問聽眾這個問題，結果兩個公司都有死忠的粉絲。我用以下兩個問題來推論我心目中的正確答案。

我問他們：「台積電的董事長是誰？」

全場異口同聲回答：「張忠謀！」

接著，我再問：「中華電的董事長是誰？」

全場一片靜默，只有一個小小的、沒什麼把握的聲音說：「鄭優。」

然後，我說：「大家懂了吧？！」

道理很簡單，張忠謀對台積電太重要了，絕不能有任何意外發生，甚至只要身體微恙，包準會立刻反應在股市上的重大利空。2017年初，張忠謀在泳池畔跌跤，當傷勢不明時，全球半導體當天的股價都出現重挫。反觀中華電，不論誰做董事長，都不會有很大的影響。

中華電就真的是唯一和最好的選擇了嗎？當然不是，因為個別公司和個別產業還是有其個別的風險，就像電信業的價格競爭激烈、市場趨於飽和，甚至部分收入（如簡訊）的大幅衰退，都造成其成長性遠不如台積電。

以股息殖利率來說，台積電和中華電其實都不高，只是優於定存利率而已，因此很多理財專家會建議大家買一些股息殖利率更高的中小型股，不過，這些公司經營績效的穩定性相對較差，真的需要常常檢視，然後做適時的汰換。這時，我反而建議小資男女情願買經營能力相對穩定，但股息殖利率可能較低的大型股，因為這樣就能省去關心它們的精力。

下一個問題是，台積電和中華電的股價都太貴了，買任何一張對小資男女可能都是負擔，還有，萬一兩家公司所處的電子產業景氣突然發生巨大變化，還是可能發生風險，該怎麼辦？再來，台積電和中華電會不會消失？你一定會說：「怎麼可能？」請你繼續看下去，你就會知道這種機率非常非常低，但並不是絕不可能。

拍照不再用底片，柯達就消失了

　　現在年輕人都是用手機或數位相機在拍照，或許不知道當年相機裡頭是要裝底片的。在某些電影中，你可能看過有人在暗房裡洗照片的畫面，泡在水裡頭的東西就是底片。在我小時候，怎麼可能想得到底片會消失？怎麼可能預期得到柯達（Kodak）曾一度面臨倒閉？

　　柯達當年是全世界最大的底片生產公司，其地位就像可口可樂在碳酸飲料界的地位那樣地穩固，結果，它申請破產的原因，不是因為在市場競爭中輸給同業，而是整個產業敗給了新的科技文明。

　　柯達當年肯定也是許多投資人重要的存股標的，但終究不敵數位相機的崛起，而在2012年向法院申請了破產保護，持股人真是情何以堪。柯達的案例給我們的啟發就是「不要認為有公司可以永遠存在」。投資市場會有黑天鵝冷不防出現，造成股市瞬間的崩跌，誰說這些黑天鵝不會出現在產業的發展中呢？

　　如果連柯達都曾經歷倒閉危機，誰說台積電不會呢？我不是危言聳聽，而是提醒大家不能完全忽視它的可能性。如果有一天出現了一種革命性的創新，讓人們不再需要半導體，那麼台積電就有可能發生經營上的重大危機。

我當然不希望台積電會有這麼一天，因為這樣也肯定會拖垮台灣經濟，但是進行任何投資，都該做最壞的心理準備，然後才能有最好的因應之道。

大家應該都聽過一句話：「不要把所有雞蛋放在同一個籃子裡。」所以你不能只買台積電來存股，你還要買其他的存股標的來分散風險，既然電子類有了台積電，你就必須在傳統產業股裡找一支、在金融類股中找一支，而且可能每一類不能只找一支，還得各找幾支。這時，問題來了，你有那麼多錢嗎？你要選哪幾支呢？

我不太能認同坊間很多存股達人推薦的中小型股，因為它們要倒閉的機會終究是比台積電要大很多，只是因為它們的股價相對便宜，而且近幾年股息配發也很不錯而已。存股達人當然會說，這些中小型股必須定期去檢視，但仍在努力工作的小資男女哪有精力和時間去做這件事？如果你存的是台積電、台塑、中華電，就應該不必常常去檢視它們的經營狀況吧？

有沒有既便宜，風險又分散，而且絕對不會倒閉的標的呢？當然有，那就是我曾提過的ETF。

第一支明牌來報到

在報這支明牌之前，我必須先聲明，這支ETF不一定是市場上最好的，因為每個人對「好」的定義不盡相同，它只能說是我最熟悉的。我從來不以理財專家自居，而只是一個喜歡把自己的投資經驗與大家分享的大叔。

它的股票名稱是「元大高股息」，股票代號是「0056」（以下的書寫都會用此代號稱之），全名則是「元大台灣高股息基金」。它雖然是基金，但並不需要去向發行基金的投信公司申購或贖回，而是和買賣股票的方法完全一樣，打電話給營業員或網路下單都可以。它是由台股市值[註]最大的150家公司中，挑出未來一年預計現金股利殖利率最高的前30名的股票所組成的基金。

我每次演講都是用以下這兩個問題來說明它的風險：

「請問這30家公司，有沒有可能出現其中一兩家會倒閉的情形？」

「會啊！」大家都異口同聲回答。

「沒錯，但是這30家公司會不會『同一天』倒閉？」

「不會。」大家還是異口同聲。

如果真的發生這30家公司同時倒閉的狀況，我想台灣大概

也不存在了，屆時就算你放在銀行的台幣存款，恐怕也會化為烏有。

其實這30家公司幾乎也不會發生倒閉的情形，因為發行這檔基金的元大投信公司每半年會幫大家檢視一次，只要不在前30名就會被剔除。就算原有的成分股公司有一天真的倒閉了，那時候應該早就不在這檔基金的持股明細中了。

台積電、中華電、台塑在這30支成分股裡面嗎？居然沒有耶！雖然他們都有穩定配息，但因為股價偏高，所以現金股利殖利率還排不進前30名喔！因此0056的成分股確實比較偏中小型股，但已經有人幫你定期檢視了，所以你也不必親自花精力和時間去做了。

有一次，有個聽眾問了一個非常專業的問題：「30家公司確實不會同時倒閉，但是萬一元大投信倒了怎麼辦？」

請大家放心，政府規定所有的投信公司都必須採用信託制，也就是把發行的基金信託給銀行保管，就算投信公司倒閉，它發行的基金不會成為它要被清算的資產，所以可以完全確保基金持有人的權益。

我曾說過一支好股票必須同時具備三個條件，它已經具備了其中之一的「永遠不會變壁紙」的條件，其他兩個呢？讓我們繼續看下去吧！

[註] 市值 = 股價 × 發行股數。台股目前市值最大的公司是台積電。

0056 的缺點，也是它的優點

接續前幾篇的說明，另外兩個好股票的條件是「有穩定的配息」和「有價差可以賺」，現在就讓我們來看看0056是否也符合？

它自2011年至2017年，分別配了2.2元、1.3元、0.85元、1元、1元、1.3元和0.95元，平均每年配1.23元。夠穩定吧？

這幾年的股價主要落在23～26元之間（詳右圖表），所以股息殖利率就約略落在3～4％之間。這兩個區間就棒球術語來說，叫「一好一壞」，好的是「有穩定的配息」，殖利率優於定存利率好幾倍，也勝過通貨膨脹率，而且相當穩定；壞的是股價區間太小，投資人戲稱「很牛皮」，所以「沒什麼價差可以賺」。

不過，它的缺點就是它的優點。因為沒價差，小資男女才能「好好工作，傻傻存錢」。如果股價非常活潑，常常可以低買高賣，大家可能在上班時就會關心股價，繼而心動手癢進進出出，怎麼可能專心把工作做好？一旦賺價差賺上了癮，或許以為靠這支股票就能養家活口。然而，萬一工作表現不佳，加薪無望，價差又沒賺到，那可能就是偷雞不著蝕把米，得不償失了。

因此，只要大夢想基金存超過2萬元，就去買一張0056，然後「買了忘記它」。不要懷疑，就是「忘了它」，乖乖等每年配息就好！

0056 週線圖

週線 ∨ | KD,J ∨   元大高股息(0056) 最後日期: 2017/10/31
2017/10/31 開:25.66 高:25.66 低:25.3 收:25.58 量:11335 漲跌:-0.81
MA5 26.20 ▼ MA20 26.05 ▲ MA60 24.78 ▲

25.58

26.6
25.9
25.2
24.5
23.8
23.1
22.4
21.7
21.0

©Yahoo奇摩股市

K9 47.63 ▼ D9 58.38 ▼ J9 79.88 ▲ 3K-2D 26.13 ▼ RSV 18.06 ▼

47.63

80
50
20

2016/07   10   2017/01   04   07   2017/10/31

等到低價才買，風險可能更高

　　就算你對數字完全無感，你應該也知道買的價格愈低，風險當然也就愈低。我在上一篇提到，0056這幾年的價格都落在23～26元之間，2015年有一天股市暴跌，0056還曾一度跌破19元。因此，最起碼應該等到區間的下緣23元才買，若能買到19元以下，那就更好了。

　　我卻要給大家一個很顛覆的答案，買在26元的風險，要比23元來得低！

　　有一次我在演講提到這一點時，全場譁然，大家都露出一付不可置信的表情。我說：「請大家稍安勿躁，讓我解釋給大家聽。為了計算方便，假設你買在25元，而當年也如預期配發1元股息，殖利率就是4%，但如果你買在20元，股息不變的話，殖利率就是5%，大家希望的，當然是後者啊！但是，你有沒有想過，萬一你等了好幾年都沒有等到20元，是不是損失了好幾年的股息？反而更划不來。」

　　講完之後，全場點頭如搗蒜。有一個聽眾有感而發地說：「等到低價才買，風險反而更高。」我說：「如果你一直等不到20元，結果受不了就去買個股，或許不只沒賺到股息，甚至還會因個股而賠錢呢！」

還有一個很弔詭的理由。如果真的跌到20元，台股一定是遭逢了很長期，或是很突然的利空，否則無風無浪，怎麼會跌？屆時市場人心惶惶，你真的敢買嗎？很多人看到20元，可能就會自動把願意買進的價位又降一兩元，結果就是永遠不會買。

　　我常用停車來做比喻。假設你要去餐廳吃飯，除非餐廳有附停車場，否則你在前往餐廳的路上，就要在附近找停車位。想用20元買0056的人，就是奢望在餐廳門口正好有空的停車位，否則當路上看到有位置可以停，若只要走2～3分鐘就可以到餐廳，那就趕緊停了吧！這就像是願意用23元買0056的人。如果就算要走10分鐘也得停，那就是願意用26元買0056的人，因為至少不愁沒車位了。

　　既然我建議小資男女買0056來存股，就別計較價格了。只要存到兩萬多元就買一張，因此有時可能買在25元，有時也可能買在24元，甚至也可能買得更低。長期買下來，不可能通通是最高價或最低價，而應該會是一個長期的平均價。這種做法就像很多人愛採用的「定時定額」投資法，只不過這個「定時」不是一個「特定」的日子，如發薪日或月初，而是「存到兩萬多元可以買一張的」日子。

不計較價格，傻人才有傻福

每一個投資人都妄想買在最低價，因此不管股價再低，大家就是下不了決心要買，因為認為可能還有更低價。我認為，只要自認價格已經很合理了，就該出手買進。若想賺價差，很難有合理的價格，但若只想領股息，只要能夠超過定存利率，又能打敗通貨膨脹率，那就是合理的價格。

不過，俗話說的好：「傻人有傻福。」愈精明的人，或許反而賺不到錢喔！這裡，我用我母親的實例來與大家分享。

她是一個非常保守的人，唯一的理財方法就是在銀行存定存。就算我寫的書，她都看過，甚至還親自來聽過我的演講，她還是完全不為所動。但是在2017年3月初的某一天，她突然打了個電話給我。

「阿輝啊！我今天有一筆50萬元的定存到期，我決定不續存，就聽你的話，去買0056。這筆錢夠買20張吧？」

我著實嚇了一跳：「妳什麼時候想通的？ 還有，妳還記得好多年前，我帶妳去開的證券帳號嗎？」

「我想你說的很有道理，就聽你一次吧！我也還記得那個帳號。我剛剛看電視，0056現在24.28元，我決定要買了。」

當時大盤剛剛回檔不久，我跟她說：「等跌到24元左右再買吧！」

「奇怪，你不是說0056隨時都可以買嗎？為什麼又叫我等？不管了，今天不買，明天我可能就會拿回去存定存。」

沒想到我母親這麼有guts，她當場就打電話給營業員，對方也很吃驚，因為太多年都沒有往來了。

過了五天，我記得非常清楚，她又打電話來說：「我剛剛看電視，看到它漲到24.8元。我算了一下，如果把它賣掉，五天就賺到兩年的定存利息。我要把它賣了。」

「我不是說，買了忘記它嗎？」

「不管了，我先賣了，五天就賺這麼多，太開心了。」

她當時真的賣了，然後到了4月中旬，0056又跌回24.28元，她就再把它買回來，然後真的決定忘了它。她第二次買進0056之後，還曾跌破24元，但是她看到又跌回第一次買的價格，她就決定買進，因為這樣做，讓她覺得第一次好像完全是白賺的。

我母親完全不像精明的投資人，但是她買的時候很自在，賣的時候也很自在。我發現，她完全讀懂了我的書，100％掌握到了我的投資理念。

還有其他高股息基金嗎？

　　只要有穩定配息的ETF，我認為都可以看做是「高股息基金」，只是0056的掛牌時間最久，且連續7年有配息，成交也很活絡，是台股中最具代表性的高股息基金。

　　一般用申購方式購買的股票基金也有類似的產品嗎？有的，而且其中某些基金的報酬率甚至比0056還要高。那麼，究竟該買ETF這種被動式基金？還是該買一般的主動式基金呢？

　　顧名思義，被動式基金就是把挑選標的的條件都設定好了，換任何基金經理人都不受影響，而主動式基金完全看基金經理人個人及其團隊獨到的選股，績效可能更好，但也可能會輸給被動式基金。

　　你如果是比較積極的投資人，有時間和精力去定期評估基金的績效，然後汰弱留強，就適合買主動式基金；如果你很保守，也沒能力定期評估，那麼我建議你該買 ETF 類的被動式基金。

　　有一部由暢銷商業書籍改編的電影《魔球》（*Moneyball*），正足以說明這兩種截然不同的投資理念。本片改編自真人真事，布萊德‧彼特在片中飾演美國職棒大聯盟「奧克蘭運動家隊」（Oakland Athletics）的經理比利‧賓恩（William Lamar Beane，暱稱 Billy Beane）。這是一個來自小市場的球隊，經費不像大家熟知

的「紐約洋基隊」或「洛杉磯道奇隊」那麼充裕。賓恩必須在這個惡劣的先天條件下，組織一支有贏球競爭力，又能賺錢的棒球隊，因此他買不起超級明星，只能到處尋找物美價廉的球員。他挑選球員，完全憑客觀的電腦統計數字，而非仰賴主觀好惡的球探報告。在他領軍下，這支球隊的戰績只能算是中上，雖是季後賽的常客，卻沒得過世界大賽的冠軍，但有不錯的投資報酬，不像豪門球隊只求冠軍，不計代價的企業理念，因此成了美國職棒大聯盟裡，成本效益最高的經營典範。

這個故事帶給我們什麼股票投資上的啟發呢？那就是比利・賓恩主張用客觀數據挑球員，和ETF的選股非常像，雖然不能賺到超額利潤，但有穩定獲利。反觀大部分的球隊依據經驗或直覺的球探報告，就像主動式基金，一旦選股獨到，當然能賺大錢，不過卻也常常事與願違。

最後，我要強調的是，我建議大家以投資台股為標的的高股息基金為優先，因為海外基金會牽涉到匯率的風險，畢竟高股息基金的報酬率比很多積極型股票基金要低，很容易就被匯差完全抵銷了。此外，絕對不要被很多強調「月配息」，卻又提醒大家「配息可能來自本金」的基金所誘惑了。

怎麼買 0056？

我在演講當場，或是在網路上回答網友時，最讓我吃驚的問題是：「請問該怎麼買股票？該怎麼開戶？要去哪裡開戶？」

或許我真的誤以為台灣人都懂得股票的買賣，但其實還是有很多人對股票投資雖然好奇，但真的就從來沒有買賣過。因此，如果你早就嫻熟股票買賣的方法，這篇短文就直接跳過去吧！

買股票的第一步是帶著雙證件和印章，去找一家證券公司開戶。有人要我推薦，但我不會這麼做，因為會被懷疑我是否有介紹佣金可拿。任何一家都可以，距離你的住家或是公司比較近當然最好，但也不是絕對必要，反正現在幾乎都是網路下單了。

當然還要精打細算，找一家手續費有折扣的券商，而且折扣愈多愈好。買賣股票，證券公司要收取0.1425％的手續費，但現在很多網路下單可以打到3折以下，就很划算了。舉例來說，你要用25元買4張0056，總金額是10萬元，若在沒有打折的情形下，券商要跟你收142.5元的手續費。有的券商會只收142元，有的券商會給你四捨五入，收你143元。如果你的券商給你打3折，你就只要付42.75元，就等於省了100元。有些券

商在你開戶時就直接給你折扣，有些券商要看你的買賣情形，才會給你不同的折扣。該選哪一家？當然是前者啦！

在證券公司開立證券帳戶的同時，還要開一個和它配合的銀行帳戶，以便交割之用。如果你本來就在該銀行有開戶，就可以不用重新開立了。

你要買股票，必須透過銀行轉帳。你若今天買，明天把錢存進去就好了。買到的股票，並不會給你經過印製的實體股票，而是劃撥到你的集保存摺中。無實體化最大的好處就是不會被偷或搞丟。你若今天把股票賣了，就會從你的集保存摺中提出，然後過兩天把錢匯到你的銀行帳戶中。奇怪，付錢是隔天，為什麼收錢卻要隔兩天？其實付錢最遲也可以隔兩天，但會增加券商很多的麻煩，所以他們都會要求你隔天就要把錢存在銀行裡。有些折扣較大的券商，甚至不給你第二天再存錢的機會，也就是你的戶頭有多少錢，就只能買多少錢的股票。

當你賣出股票的時候，政府還要課證券交易稅，ETF是0.1％，一般股票則是0.3％。例如你用25元賣4張0056，雖然拿到10萬元，但券商要收手續費42元（打3折來計算），再加上政府收證交稅100元，所以撥到你銀行帳戶裡只剩下99,858元了。

看完本篇，先去完成開戶的手續吧！

0056的公開資訊

前面有關0056的短文，我都盡可能用口語化的方式來說明，但還是有必要提供發行該基金的元大投信對外正式的公開資料給讀者了解。

所有的基金在發行時，依規定必須編製一本公開說明書。這本書不只頁數多，字又小，內容更充滿各種專業術語，非常不容易閱讀。若真的有興趣了解詳盡的內容，可請自行向發行0056的元大投信公司索取一本來看，或上該公司官網查詢歷年資料，不然看看我以下摘錄的重點，其實應該就夠了。

0056的全名是「元大台灣高股息基金」，它的基本資料如下：

一、成立日期：2007年12月13日

二、基金型態：開放式

三、基金種類：指數股票型

四、投資地區：投資國內

五、存續期間：不訂期限

六、收益分配：收益評價日為每年9月30日

七、經理費：每年基金淨資產價值在100億元以下時，收 0.4%，

100 ～ 300億元時，收0.34%，300億元以上時，收0.3%。

八、保管費：每年基金淨資產價值的0.035%。

九、投資範圍：本基金主要投資於中華民國上市櫃股票。本基金選取未來一年預測現金股利殖利率最高的30支股票做為成分股。

十、投資特色：

1.完全複製台灣高股息指數，投資標的透明。

2.交易方式便利，交易成本低廉。

3.免除選股煩惱，投資有效率。

4.最佳資產配置，有效分散風險。

（詳細內容請詳該基金之公開說明書。我不能免俗，還是必須加上這一句。）

0056的成分股

不論你是仔細閱讀了0056的公開說明書，或是我在前一篇短文所做的摘要，但最重要的資訊其實是它的30支成分股究竟是哪些股票啊？

誠如它公開說明書上所記載：「本基金選取未來一年預測現金股利殖利率最高的30支股票做為成分股。」選定之後，並不是永遠不變，而是每半年會做一次檢視，只要不是現金股利殖利率前30名的公司就會被剔除，然後補上進入前30名的公司股票。

除此之外，對於資本額非常小的公司，即便它能進入前30名，也不會列入，因為它還有一個篩選標準，就是這些股票必須是「元大台灣50」（0050）和「元大中型100」（0051）的成分股，簡單來說，它必須是台股前150大的公司，這些公司只占上市上櫃總家數的10％左右，因此可說是非常嚴苛的標準。

我在前面曾提過，這30家公司或許有一家會倒閉，但絕不可能30家同一天倒閉。然而，因為它會每半年檢視一次，所以經營真的發生危機的公司可能在還沒倒閉前，就已經被0056剔除了，所以連一家倒閉的機會都是微乎其微。

下表就是2017年9月30日的成分股明細，就算沒有台積電、鴻海、中華電這種超大型股票，其他的公司也都小有名氣吧？

人家都幫你精挑細選了，自己就別花時間和精力去做了，因為人生還有更多有意義的事情等你去做。

0056 持股明細表　　　　　　　　　　　　**2017 年 9 月 30 日**

排序	股票名稱	持股比例	排序	股票名稱	持股比例
1	智邦	4.82	16	群創	3.14
2	榮成	4.81	17	中鼎	3.02
3	興富發	4.79	18	聯詠	2.88
4	友達	4.34	19	群光	2.76
5	南茂	4.32	20	光寶科	2.65
6	瑞儀	3.85	21	兆豐金	2.60
7	英業達	3.67	22	矽品	2.59
8	技嘉	3.57	23	華碩	2.52
9	微星	3.43	24	和碩	2.52
10	大聯大	3.41	25	創見	2.51
11	仁寶	3.29	26	鎧勝-KY	2.48
12	京元電	3.29	27	台泥	2.40
13	開發金	3.27	28	力成	2.36
14	聯強	3.22	29	緯創	2.24
15	廣達	3.19	30	聚陽	2.22

存錢＋0056＝100萬元

記得我在這本書的前半部曾提到「每個月存6,000元做大夢想基金」嗎？希望你真的能遵守紀律，徹底執行。現在來做個簡單的算術，別擔心，只要用到加減乘除就夠了。

一個月存6,000元，一年12個月就能存72,000元。存到100萬元要多久？拿100萬元去除72,000元，要14年。好久喔！或許你就想放棄了。別怕，又不是叫你「一個人」「傻傻存錢」，當然還要加上「投資」和「別人」，其實6年就夠了。

下面這個計算表是假設你大學畢業開始工作，從23歲開始存錢，還有每存到24,000元，就去買一張0056（這裡我是以每股24元來計算，並假設每年都能領到每股1元的股息）。6年後，你不過28歲時，就可以存到49.5萬元。

表一

年齡	每年存錢	每年買進單位	累積單位	每年股息
23	72,000	3,000	3,000	3,000
24	72,000	3,000	6,000	6,000
25	72,000	3,000	9,000	9,000
26	72,000	3,000	12,000	12,000
27	72,000	3,000	15,000	15,000
28	72,000	3,000	18,000	18,000
合計	432,000			63,000
總計				495,000

好可惜喔！只差5,000元，就可以存到50萬元。別氣餒，最簡單的方法就是每個月多存70元，6年可多存5,040元，這不難吧？其實也不用這麼做，因為你持續買0056到了第四年，已累積領到30,000元股息，又可以多買一張了。同樣的道理，第五年也可以再買一張。因此，我可以把表格修正一下：

表二

年齡	每年存錢	每年買進單位	累積單位	每年股息
23	72,000	3,000	3,000	3,000
24	72,000	3,000	6,000	6,000
25	72,000	3,000	9,000	9,000
26	72,000	4,000	13,000	13,000
27	72,000	4,000	17,000	17,000
28	72,000	3,000	20,000	20,000
合計	432,000			68,000
總計				500,000

你存到50萬元，如果你的男／女朋友也存到50萬元，兩人合計不就存到第一桶金100萬元了嗎？

我再強調一次，「談戀愛」真的比「投資理財」重要多了。

真的要投資嗎？

大家看到這裡，可能會產生兩大疑問，一是「就這麼簡單嗎？」二是「真的要投資嗎？」

我先回答第一個問題。如果你只有幾萬元可以投資，能買什麼標的呢？我不建議操作期貨、選擇權、權證，因為風險都太高，只好買股票了。台積電、鴻海、中華電都買不起，真的只剩下有穩定配息，又不會下市的0056可以買了，不是嗎？很多理財專家都不顧小資男女資金不多的事實，常常提出要做資產配置的建議，反而讓大家更焦慮，因為做不到，反而不敢投資。我認為只要方法夠簡單，就容易確實來執行。不要懷疑「這麼簡單」，因為小資男女錢不多，就真的只能找最簡單的投資來做。

第二個問題其實是出在大家的心魔。大家都很怕投資會賠錢，只好放定存，因為錢不會變少，大家就覺得很心安。或者，去買保險，利息比定存好一些些，但一筆錢就要被套住很久，因為不到期是領不出來的。這兩個理財方法真的不會讓錢變少，但每年的通貨膨脹率就會讓你的消費能力下降。

再者，有一位金融界的大老在他的新書發表會上曾勸年輕人：「把錢存在銀行，才是最好的投資。」更堅定了大家不敢投資的立場。我真的很難認同這句話，因為收入高、資產多的人

只要把錢存在銀行就好了。這位先生一生都在外商金融機構工作，或許他在很年輕的時候每個月就100K了，之後擔任外商總經理，若說他年薪千萬，可能還低估他了。這麼有錢的人當然不用投資，因為靠薪水養家、置產、旅遊，都綽綽有餘，真的放銀行就好，即便通貨膨脹率影響他的消費能力，但對他來說，也是非常微小的損失。小資男女現在月薪可能還在30K附近掙扎，若不靠投資，怎麼可能活下去？

他後來又補充說：「50％放在銀行定存，如果真要做投資，可配置30％在穩健型股票，20％放在高收益商品。」這個建議不是跟我一樣嗎？0056當然是穩健型股票，也算高收益型商品。他講起來滿口專業術語，我只是更直接了當，用市井小民都聽得懂的語言罷了。不過，大家錢不多，真的不必把50％放在銀行定存了。你是拿大夢想基金來買0056，所以你還有生活費基金可以應付日常開銷，萬一不夠，還有小確幸基金來支應。真的要用錢，也應該不會動用到0056，所以放心投資吧！

第五篇

第二支明牌

◆ 「K＜20買；K＞80賣」。

◆ 沒有「內線」的你，怎麼辦？只有遵守「紀律」一途。

◆ 情願買經營能力相對穩定，但股息殖利率可能較低的大型股。

◆ 0050隨大盤起伏，在指數大漲時，不會太貪婪，知道要獲利了結，因為它終歸要回檔；而在指數大跌時，不會太恐懼，敢於低檔承接，因為它終歸要反彈。

◆ 投資就像人生，絕對不要說「早知道」，因為一切懊悔都於事無補，而要常說「好在有買」，因為機會永遠是不等人的，只要嚴格控管風險即可。

第二支明牌來報到

　　或許有的讀者看到這裡，心中會OS：「我的資金比較多，也要這麼保守嗎？」或是可能會說：「我不想只賺3～4%就滿足，有別的可以賺更多，而且也同樣安全的標的嗎？」

　　針對有這兩個疑惑的讀者，我要報第二支明牌了，那就是「元大台灣50」（股票代號0050）。買賣的方法和0056，以及一般股票都一模一樣。

　　這支台股最具代表性，也是第一檔上市的ETF，是由台股前50大市值的股票所組成的基金，並透過持股比例的設計，讓它和大盤指數的漲跌幅度幾乎完全一樣，也就是說，大盤如果漲1%，它就跟著漲1%；大盤如果跌2%，它也不會跌得比2%還多，但如果是個股的話，說不定還跌停板呢！

　　它完全改變了我的人生下半場，讓我投資從此不再焦慮，可以安心樂活過好日。這個故事要從2008年金融海嘯後的某一天的午覺說起。

　　當時所有的投資人都是滿手套牢的股票，我也不例外。一天收完盤後，沒有什麼事好做，我決定來睡個午覺。但是翻來覆去睡不著，因為滿腦子的心思都在憂慮這些套牢的股票怎麼辦？看來大盤還要繼續跌，該停損嗎？好捨不得。該靜待解套

嗎？好像機會渺茫。該攤平嗎？絕對不可以，行情如墜入無底洞，攤平只會愈攤愈平，最後攤到躺平。

接著又想到，憑我在證券公司15年的豐富承銷經驗，怎麼跟一般散戶一樣，不只賠錢，也都輸給大盤呢？這時，我突然頓悟了一個非常簡單的道理：「如果我的績效跟大盤完全一樣，那我至少不會鬱卒，至少可以睡得著覺，不是嗎？」

想通之後，還是睡不著，但這是因為太興奮，而不是剛剛上床時的太難過了，好希望明天趕快開盤，這樣就可以把所有股票都賣掉，通通換成0050了。

第二天，我真的就這麼做，從此只買這支股，然後安心睡好覺，樂活過好日。

0050和大盤的連動性更勝0056，為什麼我卻推薦後者給小資男女呢？因為前者的價格是後者的3倍以上，錢不多的年輕人當然買不起。但是，如果你的月薪早就超過30K很多，而且你也想賺得比3～4%還要多，就像我很多本的書名那樣：「勝過」、「年年」，還是「年賺」18%的話，我接下來就要以0050為主軸，開始介紹比0056「買了忘記它」要稍微難一點的技巧了。雖然比較難，但也不過只要記住十二個字的口訣就好。

0050有機會賺價差

我還是要先從好股票的三個條件來檢視 0050。第一，它從 2005 年開始，每年都有穩定配息，而且每一次都能填息。第二，它這幾年來，每年大概都有 3 ～ 4 次可以讓你輕鬆賺價差。第三，這 50 家公司絕對不會同一天倒閉，所以也絕對不會變壁紙。

0050 和 0056 的最大差別，就是它的股價波動比較大，所以也比較有機會賺價差。我以 2017 年前 10 個月為例，如果你在前一年的最後一個交易日用收盤價 71.8 元買進，一直持有到 2017 年 10 月 31 日，以當天收盤價 85.2 元計算，你賺了 13.4 元，一張可賺 13,400 元，10 張就賺 134,000 元（未扣除手續費及證交稅之前），報酬率為 18.67％。

這段期間，大盤指數從 9,253 點漲到 10,793 點，漲幅為 16.64％，是不是和 0050 的報酬率差不多？ 而 0050 甚至略勝一籌。

絕大多數的投資人都以為自己可以透過選股來打敗大盤，但真的能在 2017 年前 10 個月勝過大盤漲幅 16.64％，或至少報酬率在 10％ 以上的投資人，我相信絕對是少之又少。如果能和大盤一樣，已經就能贏過絕大多數的投資人了。

0050 在 2017 年上半年的報酬率其實不只 18.67％，因為在

1月底和7月底，各配息一次，總共配了2.4元的現金股息，把這部分加進去之後，報酬率則來到22.01％ [註]，更是狂勝大盤的漲幅16.64％了。

從以上的說明可以得知0050既有價差13.4元，又有股息2.4元，而且我再強調一次，它們絕對不會變壁紙。很多資料顯示，0050各方面都優於0056，但是為什麼我在前面的短文卻比較推薦0056？讓我用賓士和裕隆來做說明，大家就能懂。賓士當然比裕隆好，但你買不起賓士，就買裕隆吧！因為就開車所有的基本功能來說，裕隆都沒有任何問題，就像0056還是可以提供你比定存更好，而且穩定的報酬率。

不過，前面關於0050的報酬率計算，其實是過度理想化的，因為在70元以上的0050，以及在9,000點以上的大盤，都屬於歷史的高檔區，除非你真的和買0056一樣「買了忘記它」，否則大部分的投資人在漲了一大段之後，還是希望獲利了結，圖個心安。股市如果在7,000點以下，或許可以買了0050之後就忘記它，但在9,000點以上，還是低買高賣，即便報酬率不一定最高，但肯定比較安全穩健。該在什麼時候買？又該在什麼時候賣？這將是本書唯一要講到的專業術語和技巧，但請放心，絕對一學就會。

[註] (13.4元 + 2.4元) ÷ 71.8元 = 22.01％

K ＜ 20，買；K ＞ 80，賣（上）

「K ＜ 20，買；K ＞ 80，賣」，這就是我提過的十二字口訣。大部分投資人應該都懂，但你如果完全沒買過股票，我還是會很仔細地向你說明。

我在 2012 年出版了第一本書《只買一支股，勝過 18％》，當時 0050 的股價大概在 50 元附近，大盤指數約在 7,000 點上下。當時有個理財專家就告訴投資人，買 0050 非常簡單，就是股價在 50 元以下，指數在 7,000 點以下就可以買。你若第一時間照他的話做，肯定賺到大錢，但若沒有立刻執行，從 2013 年起，0050 的股價再也沒看過 50 元以下，指數同樣再也沒跌破 7,000 點。正在看書的你，想要等 50 元以下，或許要等到天長地久了。

0050 後來漲到 70 元的時候，又有另一個專家說，0050 的投資方法就是「50 元以下買，65 元以上賣」，當時都 70 元以上了，如果你之前沒買，哪有股票能賣呢？（所以很多人就去買 0050 的反向 ETF，結果套牢慘重，這部分在本書的後面會提到）。

這些都是用「絕對」的價格區間來做建議，雖然沒有錯，但實用性不高。我用的則是一段期間內的「相對」價格來做建議，即使股價超過 80 元，都能低買高賣賺價差。

這個口訣的 K 就是「KD 指標」[註]中的 K 值，它永遠介於 0 到 100 之間。K 值愈低代表股價在相對低檔，若低於 20 以下，自低點反彈的機會大增；反之，K 值愈高代表股價在相對高檔，若高於 80 以上，自高點反轉的機會相對也大增。

怎麼看 K 值呢？請從 YAHOO 首頁點選「股市」進入下一頁，再點選中間一排選項中的「大盤」，再點選中間的「技術分析」，就會看到大盤指數的技術線圖，然後把原先 YAHOO 設定的「成交量」旁的捲軸往下拉，選下一個「KD, J」，就可以在左下角看到 K9 的數值。因為 YAHOO 設定的是日線，所以這個數值就是「日 K」。

為什麼只看 K 值，而不用看 D 值？還有，既然有「日」K，是不是還有「周」K 和「月」K？別急，請繼續翻下一頁就知道了。

[註] KD 指標（隨機指標）

$$RSV = \frac{C_n - L_n}{H_n - L_n} \times 100\%$$

$$K_n = \alpha \cdot RSV_n + (1 - \alpha) \cdot K_{n-1}$$

$$D_n = \alpha \cdot K_n + (1 - \alpha) \cdot D_{n-1}$$

一般設定 $\alpha = 1/3$

我想很多讀者看到這個公式，頭就大了。有興趣深入了解的人請自行上網去查，沒興趣的人會用就好了。

K＜20，買；K＞80，賣（中）

接續上一篇的問題。K值和D值是用來看兩者的相對位置，藉此才能對後續漲勢或跌勢進行確認。

K值從低檔往上穿越D值，代表漲勢確立，就理論而言，此時才應該買進；反之，K值從高檔向下跌破D值，則代表跌勢確立，此時才應該賣出。只要K值尚未穿越或跌破D值，則不用急著買賣。

很多讀者、網友常常問我，為什麼我只看K值，而不看D值？這是因為0050的波段漲幅並不是很大，若等K值和D值的相關位置確定漲勢或跌勢才進出時，可能已經少了2～3％的利潤。既然0050就算套牢還有股息可以領，那就在低檔勇敢買吧！就算在高檔賣出的時機太早，但至少都有賺。

下一個問題是，該看大盤的K值？還是0050的K值？因為兩者很接近，因此都可以。不過，我習慣看大盤的K值，因為0050除息那一天，K值會明顯下跌，與大盤K值出現較大差異，而0050的50支成分股不會集中在同一天除權息，所以大盤的K值不會在某一天出現極度異常的情形。

此外，這個口訣的K指的是「日」K。「周」K和「月」K相對不夠靈敏，意思是說，要等到「月」K小於20，真的可能要等

很久，甚至要等很多年。2008年金融海嘯時，日K、周K、月K同時都不只小於20，甚至還低於10，當然是千載難逢的買進時機。當時我也不懂，就只是傻傻地買，但求能睡得著覺就心滿意足了。

或許有讀者聽過5分鐘K、10分鐘K、30分鐘K，還有60分鐘K，這些又是什麼呢？這是盤中更靈敏的K值，是給你當天盤中賺價差的指標。一年大約有250個交易日，其中只有25 ～ 30天盤中會有劇烈變動，在扣除手續費和證交稅之後，還可以賺到價差，因此實在沒必要每天在盤中等機會，還是努力工作比較實際。因此，我不會建議大家看這些K值，千萬別因小（賺一點點價差）失大（丟了工作）。

請大家每天睡前上個網，看看當天日K是多少。看到小於20的話，隔天再買應該還來得及，因為0050的股價不會突然大漲；如果看到大於80的話，隔天再決定要不要賣，因為它也不會突然大跌。

真的這麼神準嗎？下一篇，我會拿2017年的實例來證明給大家看。2017年0050得股價可都是在70元，甚至80元以上喔！很多人太執著「絕對」價格，就不敢買，但若以「相對」價格來看，只要在低檔買，就有機會賺價差。

K ＜ 20，買；K ＞ 80，賣（下）

　　現在，我拿2017年9～10月的實例來驗證我的做法。

圖一　大盤日 K ＜ 20

　　這是當年9月26日，K值來到最低的14.16（詳圖一）。這時K小於20，就該買進。不只當天該買，之後4天，一直到9月29日K值都小於20，當然也是可以買進的好時機。這4天0050的股價在80.3～81元之間（詳圖二），或許這個「絕對」價格還是很高，但就「相對」區間來說，真的是短線的低檔區。

圖二　大盤日 K ＜ 20 當天 0050 的股價

　　到了 10 月 12 日那天，日 K 來到 80 以上，指數來到 10700 點以上。0050 也在當天來到最高 84.2 元，和當初買進區間相比，至少賺了 3 元以上，獲利率約 3 ～ 4％，雖然不算多，但至少賺得很輕鬆，很安心。

　　當時買進時，是從 10,600 點以上跌到 10,200 點左右，很多人不敢買，因為不過跌了 400 點，可能還會跌，甚至有投顧老師說我這種「無腦人進場了，大盤怎麼會不崩？」其實「無腦」就不會去判斷，只會遵守紀律；「有腦」就會恐懼，所以不敢買，不是嗎？

判斷VS紀律：不選股才不會焦慮

大家有沒有發現，我一直在講「紀律」這兩個字？為什麼都沒提到「判斷」呢？因為在股票投資上，前者比後者更重要。判斷正確太難，遵守紀律反而簡單。

所有的理財專家都強調「判斷」。判斷國內外政經情勢的發展，究竟是有利投資？還是不利投資？判斷個別公司未來的成長前景，究竟是該買？還是該賣？判斷各項技術指標，是現在買？還是等幾天再買？是現在賣？還是等幾天再賣？判斷正確，當然賺大錢。

聽了這些專家的不同說法之後，你還是要自己判斷。你買了股票，你就相信看「多」的專家；你手上沒有股票，或甚至放空股票，你就相信看「空」的專家。「判斷」真的很難，所以它值得高報酬的回饋。

賺大錢的人，真是很會判斷嗎？別傻了，他只是比你多了一條「內線」。

沒有「內線」的你，怎麼辦？只有遵守「紀律」一途。紀律的依據，就是各種技術指標，例如我習慣用的KD指標，就是其中的一種。

技術指標沒有判斷的問題。它已經夠低了，就是可以買進

的時機；它太高了，就是該賣的時候了。股票市場永遠反應在事情發生之前，當它真正發生時，早就完全反應過了。

「判斷」和「紀律」的對比，讓我想到兩部電影，一是大帥哥湯姆·克魯斯主演的《捍衛戰士》(Top Gun)，一是一個不太帥的大叔湯姆·漢克斯主演的《航站情緣》(The Terminal)。

大部分的投資人都以為自己是阿湯哥，獨自開著戰鬥機（判斷選股），從地面（買在最低點）瞬間衝到高空（股價狂飆），然後俯衝殺敵（賣在最高點），非常神勇。要做「大英雄」的代價，當然就會伴隨大風險。

我呢？只想做個「小人物」，像湯姆·漢克斯一樣，搭著別人開的民航機（大盤），安全抵達目的地（平穩獲利）就好了，萬一被困在機場，還有吃有住（就算套牢，仍有股息可領），雖不神勇，但最踏實。

會開戰鬥機的人比較多？還是搭民航機的人比較多？答案當然是後者，那麼你為什麼會幻想自己是阿湯哥，要辛苦判斷，「選股不選市」呢？何不認清現實，只要堅持紀律，「選市不選股」就好了？

有一位曾共事過的券商總經理說我的那一招是「違反人性」的，因為幾乎沒有投資人敢在低檔，遵守紀律買進，反而都是在漲了一大段，判斷漲勢確立才去追買，結果套牢的機會當然比較大，賠多賺少則成了最後的宿命。

0050 VS 個股：有想像空間就會失去理性

很多人曾經問我：「這一招可以用在個股上嗎？」我會斬釘截鐵告訴他：「不行！！」最重要的關鍵在於「想像空間」這四個字。

0050因為完全和大盤同步，所以沒有想像空間。大盤很難受到人為控制，因此KD指標的參考性非常高，這樣就可以讓0050的操作有所依據。反觀，個股因為充滿想像空間，又容易受到主力操控，因此，KD值很容易鈍化。投機股一直漲，就算K值到了95以上，它還是繼續漲，因為大家都對它的未來過度樂觀，你太早賣，會少賺一大段；反之，一旦主力棄守，早就獲利了結，它就會跌到萬丈深淵，K值就算跌到5，一樣不回頭。

投機股的宿命就是如此，有時連龍頭股也難逃，宏達電（2498）就是投資人的最痛。當年它從幾百元衝到千元大關時，K值已經98了，看來該回檔，但大家仍持續看旺它的未來，這時你若照我的方法，肯定就賺不到從1,000元到1,300元的利潤。後來，它的業績、獲利大幅衰退，從1,300元跌到300元時，K值已經剩下2，照我的紀律，應該要買了，結果就會慘遭套牢，因為大家再也不信賴它的經營能力，所以股價一路跌到40元才止住。

買賣個股，最難抗拒的就是「人性」。人性中的三大弱點「貪婪」、「恐懼」和「僥倖」，就是大部分投資人一直賠錢的最大致命傷。漲時貪婪，想要賺更多，不知風險已臨門；跌時恐懼，想等更低點才進場，結果反彈一路不回頭。

最糟糕的是「僥倖」。漲時繼續追高，想說自己不會那麼倒楣就是那最後一隻老鼠吧？很不幸，你真的是那最後一隻老鼠。套牢之後，成天祈禱它會反彈，就可以解套，結果從四位數跌到三位數，再跌到兩位數，沒有停損的下場，就是把它當壁紙，最後忘了它。最不堪的是，一路攤平，攤到躺平。

買賣個股，一定要把人性放一邊，但好難喔！為什麼90％的投資人都賠錢？因為人性難違。0050因為隨大盤起伏，讓你在指數大漲時，不會太貪婪，知道要獲利了結，因為它終歸要回檔；而在指數大跌時，不會太恐懼，敢於低檔承接，因為它終歸要反彈。你若真的心存僥倖進場，就算套在最高點，也不用太過擔心，因為你每年都還有穩定的股息可以領，讓你能夠撐到解套之日。

最後，我用這段話來做總結，與大家分享：判斷正確是專家，遵守紀律是贏家，順著人性是輸家。

0050 不必停損

有一次去某大學的財金系演講，Q&A時有同學發問：「學校教授都說，股票投資一定要設停損點，為什麼你又說0050不必停損？」

我回答他：「如果買的是個股，請一定要聽教授的話，但你如果是買0050，除非急需用錢，否則無須停損。」

此話怎講？我舉國內最大的壽險公司國泰人壽為例。1990年大盤指數來到歷史最高點12,682點時，它的股價也是歷史天價1,975元。當年還有實體股票，也就是說，你要買那張紙，幾乎得花200萬元才買得到。後來它成立了金控公司，就是現在的國泰金（2882），到了2017年股市重回萬點時，它的股價只有50元左右。換句話說，它要漲40倍才會重回歷史天價，我想自己應該此生無望看到了。如果連產業龍頭股都回不去了，其他大部分的股票也機會渺茫。

同一時期，指數已經上了萬點，要它回到歷史最高點，只要再漲25％，它的機會是不是比國泰金大多了？1990年，0050還沒上市，但假設當時就有的話，它既然和大盤同步，應該也只要漲25％就能重現當年天價了。

0050在金融海嘯時，最低曾跌到28.53元，但它之前的歷史天價出現在2007年的72.3元，也就是說它最多曾跌了60.54％。

如果你真的買在最高價，看到它跌這麼多，肯定還是會很難過，但只要你能抱到2017年10月31日，一張就能賺32,550元，報酬率45.02%。

怎麼可能？讓我算給你看，從2007年到2017年，總共每股可以領到19.65元的股息，再加上2017年10月31日的收盤價為85.2元，又賺了價差12.9元，合計每股賺32.55元。

或許讀者會問，如果指數沒上萬點，0050沒有漲到80元以上，怎麼辦？沒關係，因為19.65元的股息仍然可以領到，用當初買進的價格72.3元換算這10年的殖利率，還是有「不滿意，但可以接受」的27.18%。

0050其實根本不用等到漲回72.3元才解套。由下表可知，假設你真的買在最高價72.3元，因為每年都有配息，可以降低你的持股成本，如2008年降到67.8元，但仍高於當年最高價65.85元，所以尚未解套。以同樣的方法來計算，到了2011年，持股成本降到62.65元，已經低於當年最高價63.2元，就可以宣布解套了。

年度	原始買進價格	當年配息	配息後的持股成本	當年最高價	是否解套
2007	72.30	2.50	69.80		
2008		2.00	67.80	65.85	否
2009		1.00	66.80	55.15	否
2010		2.20	64.60	58.10	否
2011		1.95	62.65	63.20	是

股息是0050的護身符

如果0050沒有每年穩定配息，當然就必須設好停損點了。

0050是在2003年6月用36.98元掛牌上市的。如果有人一路抱牢到現在，自2005年開始配息迄今，總共配了25.5元，這十五年的累計股息殖利率高達68.96％。請注意！我還沒有把價差算進去喔！

從2016年開始，0050改成一年配兩次股息，第一次在當年7月底，配0.85元，第二次在隔年1月，配1.7元，這也算是台股的創舉。因為每次的金額變少，填息的機率相對就提高了。

「填息」對於參加「除息」的投資人是非常重要的。以0050在2017年除息0.7元為例，只要在除息日（7月31日）的前一個交易日（7月28日）買進0050，就可以領到每股0.7元的股息。7月28日的收盤價是82.1元，所以7月31日的平盤價必須扣掉0.7元，即謂之「除息」，成為81.4元。如果股價漲回82.1元，即謂之「填息」，因為所有的股息都完全落袋，如果漲不回82.1元，價差上的虧損就會侵蝕掉原來的股息，例如跌到81元，價差虧了1.1元，即謂之「貼息」，加上股息0.7元，合計則虧了0.4元。不過，當時0050只花了2天就填息了。

我再舉另一個貼息非常嚴重的例子，那就是宏達電。當年它每股配息40元時，前一日的收盤價是480元，換算股息殖利率為

8.33％，不可謂不高，但它後來每股一度跌到40元，價差每股賠400元，和股息40元比較，參加除息就得不償失，虧大了。

0050自掛牌以來，每次都能填息，最長花了251天，最短2天，平均44天。各年配息金額和填息日數詳下表：

買進年度	當年配息	填息日數
2005	1.85	28
2006	4.00	68
2007	2.50	5
2008	2.00	6
2009	1.00	24
2010	2.20	5
2011	1.95	102
2012	1.85	36
2013	1.35	68
2014	1.55	6
2015	2.00	251
2016第一次	0.85	7
2016第二次	1.70	5
2017第一次	0.70	2
合計	25.50	
平均	2.07	44

[註] 配息平均值只計算到2016年。

因為0050每年都有配息，也都填息，所以就算套牢，每年還有股息可以領，如同給了投資人一張「護身符」。

萬點行情時，要參加0050的除息嗎？

很多人都好希望0050的股價能回到50元以下，那麼買0050來存股，就可以像0056那樣買了忘記它，等每年領股息就好了。但是，這個希望似乎很渺茫，因為2017年一整年，0050的股價都在70元以上，甚至指數上萬點時，每股更超過了80元。

還有一個很弔詭，也是我每次都會反覆問來參加演講的聽眾的問題，那就是「真的跌到50元以下，你敢買嗎？」大家這才恍然大悟，要從每股80元跌到50元，若沒有非常重大且長期的利空，是不可能的。股價怎麼可能無緣無故就下跌呢？所以，買賣股票絕對是「活在當下」的考量，千萬不要對「未知的將來」信誓旦旦。

2017年第一次除息，前一日的收盤價是82.1元，以每股0.7元換算殖利率，只有0.85％，就算兩次合計維持2016年2.55元的水準，也不過3.11％，實在不高，存股績效遠不如0056，所以在萬點行情時，我不建議把0050當作存股的標的，換句話說，絕對不能和0056一樣「買了忘記它」。

不過除息前，如果日K小於20，買進參加除息倒也無妨，因為有可能價差、股息兩頭轉。如果日K已經大於80，就別參加除息了，因為即使賺到股息，但不一定有價差，就不必為這種蠅頭小利忙進忙出了。

股息殖利率如果不高，還要考慮所得稅的問題，因為領到的股息是要併入隔年綜合所得稅去申報。雖然本書設定的讀者群以小資男女為主，綜合所得稅率應該不高，但如果你的稅率高達30％（含）以上，從微薄的殖利率中還要扣除三成以上，和定存利率相比，也高不了多少，就非常划不來了（以上係就股利所得稅尚未修正前所作的建議）。

有一次演講，有位老奶奶提出了一個很有趣的觀點。她說：「把錢拿去買0050當存股，就算殖利率沒差多少，但至少有一點是勝過銀行定存的，那就是不會被詐騙集團騙，因為真的被騙時，也沒有現金可以立刻交給他們，就能保住積蓄了。」說完，全場爆出如雷的笑聲和掌聲。她真是一位很有智慧的長輩。

雖然你不想參加除息，但萬一套牢時，你就被迫要領股息了。幸好套牢還有股息可以領，所以我才用2015年自身的經驗，獨創了一個「樂活套牢術」。因為有這一招，我才敢做一個承認自己套牢、卻又勇於分享理財方法的人，而我恐怕也應該是國內業界少數的老實人吧？

樂活套牢術

我的這一招，一定萬無一失嗎？當然不是，同時也請大家不要相信這世上會有100%正確的投資方法。

2015年，有3次日K小於20的機會，我都遵守紀律買進，但事後來看，當年是一個典型的空頭走勢，也就是說，每次反彈都沒有發生日K大於80的情形，常常大於60就回檔了，所以我都沒有機會賣，最後就套牢了很多張0050，當時的平均成本在66元左右。

用2017年漲到80元以上來看，我真是買到令人羨慕的好價位。然而，當年8月24日台股暴跌那天，0050曾跌到55.4元，任誰都很難以平常心視之，即便到了當年年底，0050也不過在60元上下徘徊而已。

當時，我太太還唸我：「你不是說0050最穩當了，怎麼一樣賠這麼多？」

我說：「沒關係，我一個月賣一張，用50元賣，夠保守了吧？這樣我們一個月就有5萬元，應該夠我們兩個人過日子吧？一年可以賣12張，夠我們賣好幾年了，我想在這幾年當中，應該有機會解套吧？」

「但這樣是坐吃山空啊！萬一賣完了，我們還沒走呢？」

「別怕，0050每年都有配息啊！我們把賣掉的錢拿來過日子，把配到的股息存起來，應該還能撐幾年，但萬一真的在這段時間沒解套，只好放棄再去參加郵輪之旅了。」

她聽完，終於釋懷了，不過，我們也都露出了苦笑的表情。

我接著說：「我要把這套方法叫做『樂活套牢術』。如果套牢都還能樂活，那麼套牢又有什麼好怕的？」

從這次套牢之後，我在每一場演講的Power Point中都會用5個斗大的字做一張圖表：「大不了套牢」。

是不是所有的個股都能「樂活套牢」？當然不是，因為它必須符合兩個條件，一是每年都能配發穩定的股息，二是絕對不會下市變壁紙。就算能夠符合以上的條件，但個股還是有它本身經營和所屬的個別產業的風險。反觀0050則是一種投資組合，全面涵蓋了電子、金融、傳產三大產業主軸，它們絕不可能同時進入產業循環的谷底，因此可以做到風險的分散，也就是所謂的「不要把所有的雞蛋放在同一個籃子裡」。

我之前曾提過，台積電不是不可能成為柯達第二，又說國泰金要漲40倍才能重回它歷史的天價，都可以證明套牢在0050一定可以比套牢在個股上更安心。

我只賣了幾個月，到了2016年中就全部解套了。為什麼0050套牢都不用怕，因為它有股息可以保護投資人。

最好別碰0050的衍生性商品

　　我之前有一篇短文，提到有位專家在2017年初建議「0050，50元以下可以買進，65元以上可以賣出」嗎？他說這句話的時候，0050的股價早就超過70元了，如果手中沒有0050的投資人該怎麼賣呢？一來他可以融券賣出「0050」（俗稱「放空」），二來可以買進「元大台灣50反1」（00632R，以下簡稱「反1」），結果這個建議害死人了。

　　如果你用第一種方法，還不太會受傷，因為0050幾乎沒有融券額度，但你用第二種方法，就會賠得灰頭土臉，因為它2017年從16元以上跌到13元左右，賠了接近20％。有時候，我覺得人傻不是壞事，沒股票就不要賣啊！但大家都太聰明了，結果卻弄巧成拙。

　　什麼是「反1」呢？它的全名是「元大台灣50單日反向1倍基金」，雖然也屬於ETF，但性質是衍生性商品。它和大盤漲跌正好相反，換句話說，當指數漲1％時，它就會跌1％；反之，當指數跌2％時，它就會漲2％，讓大家在指數回檔時也能用反向來獲利。很多人看到指數來到高檔，日K也大於80，除了賣出現股可以賺一波之外，還可以買反1來賺它下跌的利潤，但2017年一路走高上萬點，買反1的人不是慘遭套牢，就是認賠出場。

反1其實根本不適合長期持有，因為一來它不像0050、0056有股息可領，二來它的名稱中早就提示投資人這是「單日」的產品了。公開說明書也明確表示：「本基金不適合追求長期投資，且不熟悉本基金以追求單日報酬為投資目標之投資人。」但很多股市名嘴卻建議可以長期持有反1，來賺下跌的波段利潤，不僅因此造成它每天都是成交量最大的一支ETF，甚至它的資產規模已經高居全球反向ETF的第一名了。媒體還說這是另一個「台灣之光」，但諷刺的是，這是很多投資人用套牢賠錢的慘痛代價換來的。

　　如果有讀者買反1而套牢的話，我的唯一建議就是「絕對不要逢低攤平，請耐心等解套」。因為買進反1就算套牢，至少還是比玩期貨安全。它和期貨最大的差別，在於它並不是保證金交易，不會輕易在盤中被斷頭，而且它也沒有到期結算日，所以可以耐心等解套，不像期貨一定會在結算日跟你把帳算清楚，賺賠都是一翻兩瞪眼。不過，我還是建議應該善設停損點，把錢回收去買0050，這樣應該比較容易把賠的錢趕快賺回來。

0050的衍生性商品只有當天有效

有反向的ETF，當然同時也有正向的衍生性商品，而且是大盤漲跌的兩倍，也就是「元大台灣50單日正向2倍基金」（00631L，以下簡稱「正2」）。換句話說，大盤漲1％，它就漲2％，但別忘了，風險也是兩倍，當大盤跌2％，它會跌4％。

再強調一次，正2和反1最好都是當日結清，因為名稱中早就提醒大家是「單日」的產品。

我的那一招「K＜20，買；K＞80，賣」用在0050上，是看日K，但用在正2和反1上，就要改看更靈敏的5分鐘K，而且不該看到5分鐘K剛剛跌破20，就去買正2，可能還太早了，我希望大家看到它至少跌破10再進場，比較安全，風險也相對低。

如果真的被你買到低點，要等到5分鐘K大於80才出場嗎？我覺得這又太高估可能的漲幅了。既然買正2是在追求短線獲利，真的就該有賺就跑，見好就收。究竟5分鐘K大於多少就該出場呢？我沒有答案，只請你切記，當沖盡量不要搞成套牢。

在盤中出現大幅震盪的時候，才有可能靠正2和反1賺錢，而這種機會其實並不多見。以正2為例，盤中必須至少出現1％的漲幅，也就是大約要上漲100點，理論上正2才有可能賺到2％，但扣除交易成本，包括證券公司要收的手續費，以及賣出

時政府要課徵的證券交易稅後，大概只剩下1.5％左右。如果依照我的建議「有賺就跑，見好就收」，恐怕賺得更少，如果只賺1％，扣除交易成本之後，或許只有0.5％了。因為報酬率偏低，所以只好靠夠多的張數才能賺到較為可觀的獲利。

正2尚且難賺，反1就更不容易了。盤中要跌1％，理論上才能賺1％，若為了確保當沖能獲利，或許看到賺0.5％就要獲利了結，但扣除交易成本之後，真的是所剩無幾，白忙一場。

反過來說，看到大盤5分鐘K大於80就該買反1了嗎？這時，我也請你等到大於90再買，買進以後，也不要等到小於20才賣，有賺就好，別太貪心。請注意，這裡講的是「大盤」的K喔！

或許有些讀者看到這裡，腦筋都打結了，我反而要恭喜你，這樣你就不會花精力去賺正2和反1的錢了。一年大約只有25～30天盤中有比較大的震盪，我誠心勸告你，省省力氣吧！

我的前一本書講的就是0050、0056、正2和反1，但其實該買的只有前兩支，而後面那兩支衍生性商品少碰為妙，若要進出，只能當作小賭怡情。

ETF應有盡有，任君挑選

0050是台灣第一檔的ETF，後來很多投信公司又陸續推出類似商品，到了2017年，已經有超過100檔的ETF可以在市場上交易了，真可謂百花齊放，令人眼花撩亂。這些ETF不只有連結國內股市的，也有連結國外股市的，如中國、日本、香港、美國，甚至現在連印度、韓國都有了。不只有股票的，還有債券的，連黃金和石油都有。除了原型的ETF，也有正向2倍和反向1倍的衍生性商品。

我絕對不是以理財專家的身分在推薦0050和0056，而只是藉本書來分享投資它們的個人實際經驗。各位讀者可以自行挑選，但我認為值得投資的ETF一定要具備以下五個條件：

第一，成交量是不是夠大？ETF理論上不會變壁紙，但如果每天成交量只有個位數，價格就很難具有市場性，如果要賣卻賣不掉，與壁紙何異？

第二，是不是連結當地指數？有些只是做部分連結，有些甚至連結的是當地的ETF，所以很難像0050和台股指數有超過98％以上的關連性，也就不容易用大盤的技術指標來判斷高低點。

第三，它們連結的市場交易時間和台股交易時間是否相

同？如果不一樣，萬一在我們收盤之後，當地股市卻發生暴跌的情形，會造成這些ETF的持有人沒辦法立即做反應。所以，如果買的是連結台股的ETF，就不至於發生這種不公平的交易情形了。

第四，它們有沒有穩定的配息？如果沒有的話，只能搶短線賺差價，而無法用股息來彌補投資人一旦套牢時的差價損失。

第五，你是否充分了解這些ETF所連結的股市或金融商品？大家對台股的了解，以及資訊的取得，都已經相對容易，尚且賺不到錢，為什麼還敢期望自己可以靠投資其他股市賺到錢呢？如果你早就在美國居住多年，或許對美股的了解更勝台股，你就適合買連結美股的ETF，但我建議你該直接用美金在美國買相關的ETF，而不是用台幣在台灣買。

0050和0056完全符合這五個條件，或許其他ETF也有，只是我沒有買過，無法把經驗分享給大家。只要找到適合自己的ETF，也能安心投資，就不一定要買0050或0056。

ETF是最適合懶人的簡單投資術。「簡單」、「懶人」又何妨？只要有賺錢就好。「複雜」、「勤勞」有何用？又不能保證賺錢。但是，如果去買不熟悉的ETF，不就又把事情變得複雜？而且又要辛苦做很多功課呢！那就不是當初投資ETF的初衷了。

0050 的三大缺點

讀書時，大家都知道東北有三寶：「人參、貂皮、烏拉草。」而台灣原來也有三寶：「勞保、健保、399吃到飽。」而我說0050則有三好：「股息、價差、不會倒。」但也有三壞：「無聊、無腦、無贈品」。

關於「三好」，前面已提過，就不贅述，現在來跟大家說明「三壞」。

第一，無聊。

有一次演講結束，一位聽眾起身問我：「這支股票，好像很無聊耶！」此話一出，全場爆出如雷的笑聲。我說：「我完全同意你的說法。但是，我就是希望大家不要把時間和精力花在投資賺錢上，因為人生還有太多更有意義的事該去做。如果你退休之後，每天只有玩股票這件事可做，我認為是非常悲哀的。」

還有一次，某財經電視台要來我家採訪我，特別約了下午一點鐘來，希望拍我操盤的畫面。我聽了他們的要求，暗自覺得很可笑。果不其然，攝影師一進門就很訝異，我們家怎麼沒有整面的電視牆？又沒有看盤的顯示器，而且我根本沒在看盤！我跟來訪的記者說：「買0050需要每天看盤嗎？剛剛NBA轉播才結束，不然你們可以拍我看球賽的畫面。」

有必要每天都在盤中緊張兮兮盯盤嗎？這麼認真，有保證賺錢嗎？還不如讓投資很無聊，因為做其他事的效益一定更高。

第二，無腦。

有一次某雜誌邀我去上課兩小時，而每個來參加的學員要繳1,600元。主辦單位事先把我的投影片傳給學員，結果有一半的人要求退費，因為他們認為太簡單，看完投影片就會了，何必浪費錢來參加？但是，上課結束後，有個學員站起來表達他的感謝，他說：「這是我繳錢上課以來，第一次從頭到尾聽得懂，而且很容易去執行。」誰說聽不懂才值得花錢呢？

還有一次，有個證券業的朋友打電話來，要我報他一支明牌。我跟他推薦0050，他居然很生氣地說：「你根本就在敷衍我。」然後狠狠掛了我的電話。

我認識很多自營部操盤人，他們私下都認同我的做法，但他們不敢買0050，因為老闆一定會罵他：「我幹嘛付高薪給你買0050？我自己就會買啦！」

管它無腦還是有學問，只要能賺錢就好，不是嗎？

第三，無贈品。因為0050不會開股東會，所以不會有紀念品。這是玩笑話，誰買股票是為了紀念品？

0050的公開資訊

有關0050的特性、操作策略，以及它的衍生性商品，我在前面的短文中，都已做了重點的說明，相信大家應該都有了充分的了解，不過我想還是有必要在此將發行該基金的元大投信對外正式的公開資料提供給讀者做參考。

0050的全名是「元大台灣卓越50基金」，它的基本資料如下：

一、成立日期：2003年6月25日

二、基金型態：開放式

三、基金種類：指數股票型

四、投資地區：投資國內

五、存續期間：不訂期限

六、收益分配：收益評價日為每年6月30日及12月31日

七、經理費：每年基金淨資產價值的0.32％。

八、保管費：每年基金淨資產價值的0.035％。

九、投資範圍：本基金主要投資於中華民國上市櫃股票。挑選

台灣證券交易所上市股票中，總市值最大的50家公司做為指數的成分股。

十、投資特色：

1.完全複製台灣50指數表現，以指數為選股重點。

2.在證券交易所上市買賣，交易方式極為便利。

3.費用率及基金週轉率較一般股票型基金低。

誠如0056的公開資訊，所有的基金在發行時，都必須依規定編製一本公開說明書。今整理其中龐大的資訊與專業術語，但若有興趣了解詳細的內容，可以向發行0050的元大投信公司索取，或上該公司網站查詢。

0050的成分股

　　0050是由台股目前市值最高的前50檔個股所組成的基金，第一名想當然耳是台積電，占0050的持股比重高達31.93％，第二名是鴻海也不意外，占9.80％。發行這檔基金的元大投信每一季都會重新檢視這份名單和持股比例，有些會剔除，有些會新增，有些名次則會變動，例如宏達電（2498）在2012年第三季排名第十二位，如今已不在名單內，或是大立光（3008）同期勉強擠上第49名，如今則高居第三位。

　　有一次演講，有一位聽眾問我：「如果台積電倒了，還能買0050嗎？」我說：「真有這麼一天，除了0050，你還敢買什麼？而且台積電萬一真的倒了，一定會從0050的成分股中被剔除，因為它永遠都會持有前50大市值的股票。」

　　因為它每季會檢視一次，所以經營真的發生危機的公司可能在還沒倒閉前，就已經被0050剔除了，所以其中任何一家要發生倒閉的機會都是微乎其微的。下表就是0050在2017年9月30日的持股明細和比例：

排序	股票名稱	持股比例	排序	股票名稱	持股比例
1	台積電	31.93	26	台塑化	0.89
2	鴻海	9.80	27	統一超	0.88
3	大立光	3.39	28	和泰車	0.87
4	台塑	2.75	29	合庫金	0.85
5	聯發科	2.63	30	華南金	0.83
6	南亞	2.60	31	開發金	0.78
7	中華電	2.44	32	台新金	0.76
8	國泰金	2.33	33	群創	0.75
9	富邦金	2.13	34	遠傳	0.71
10	中信金	2.13	35	正新	0.68
11	台達電	2.08	36	台泥	0.66
12	台化	1.94	37	矽品	0.66
13	中鋼	1.86	38	友達	0.66
14	統一	1.85	39	寶成	0.62
15	兆豐金	1.59	40	鴻準	0.60
16	日月光	1.49	41	彰銀	0.59
17	可成	1.34	42	遠東新	0.58
18	第一金	1.16	43	永豐金	0.57
19	廣達	1.14	44	光寶科	0.56
20	聯電	1.09	45	仁寶	0.54
21	玉山金	1.08	46	研華	0.49
22	華碩	1.07	47	中壽	0.48
23	台灣大	1.06	48	亞泥	0.38
24	和碩	0.97	49	南亞科	0.38
25	元大金	0.93	50	台灣高鐵	0.31

0050和0056的比較

　　有一位知名財經部落客曾寫了一篇非常專業的文章,來比較0050和0056究竟哪一個比較好? 我直接引述他的結論:0050比較好。而且我也完全同意他的看法,但是真的就別買0056了嗎? 那又不盡然,因為兩者適合的投資人屬性並不相同,而且指數高低也同樣必須要考慮。

　　0056比較適合以下兩種人:

　　第一,正在為工作努力打拚,資金不多的小資族。它近幾年的股價區間不大,約在23～26元之間,可謂非常牛皮,這是缺點,其實也是優點,因為可以讓你買了它之後,幾乎忘了它的存在,然後心無旁鶩,專心認真地工作。此外,它的價位較低,對資金較少的人當然比較容易入手,每存到兩萬多元就可以買一張,不像0050這幾年都要7、8萬元才買得起一張。

　　第二,非常保守,甚至對股票幾乎外行,只敢把錢放在銀行定存的投資人。這種人根本不敢賺價差,0056能提供3～4%的報酬率,遠勝銀行定存利率,我相信他們早就心滿意足了。此外,工作忙碌,無暇看盤的人,根本沒時間賺價差,也比較適合買0056。

　　反之,資金部位較多,又有時間可以關心大盤走勢,而且也有多年股票買賣經驗的投資人,例如退休族群,就比較適合

買0050，既有穩定股息，又有機會在股市波動中賺價差。

其次，即使你是比較適合買0050的投資人，但就指數高低的不同情況，對兩者的配置也該有所不同。

當指數來到9,000點，甚至萬點以上時，「風險」的考量一定要優於「報酬」的期待，所以要將資金從0050逐步轉到0056，因為後者的股息殖利率比前者要高。不過，千萬不要因此小看0056的漲幅喔！以2017年截至10月底來看(如下表)，0050加上配發的2.4元股息，漲幅是22.01％，0056加上配發的0.95元股息，漲幅則為15.00％，雖然不如0050，也略遜大盤的漲幅16.64％，但真的也不賴嘛！

	2016年底	2017年10月底	股息	股價+股息	漲幅
大盤指數	9,253	10,793			16.64%
0050	71.80	85.20	2.40	87.60	22.01%
0056	23.07	25.58	0.95	26.53	15.00%

如果指數來到8,000點以下，0050會來到60元以下，而且波段價差應該會很可觀，就可以比較積極來賺0050的價差。若跌到7,000點以下，0050跌到50元以下，連小資族都該來買0050了。更極端的狀況是，如果跌到5000點以下，我的建議會改成全力買進正2了。

0050和0056哪一個適合你，哪一個買了能讓你自在，就買那一個吧！有時候，懂得少一點，反而容易做決定。

不要說「早知道」，而要說「好在」

這本書關於股票投資的部分即將在此告一段落，此刻非常像我每次演講結束的時候。我總是在最後告訴聽眾：「如果你覺得我講得有道理，就要有action（行動力），請明天就去買一張股票。」

我相信當場有很多聽眾，或是看到此處的讀者心裡是忐忑不安的。有人認為「現在股價太高了，等跌下來再買吧！」有人擔心「現在才剛開始跌，可能會繼續跌，再觀望一下吧！」有人甚至更保守「跌到7,000點再說吧！」

如果沒有行動力，過了幾天，大家可能都忘了。又過了幾個月，股價反彈了或繼續漲，大家肯定更不敢買了。如果繼續跌，大家一定慶幸沒進場，接著就對股票投資更害怕、更惶恐，從此只敢把錢放在銀行裡，等著通貨膨脹一直侵蝕大家的購買能力。

唯有立刻進場買一張，才會真正開始感受股票投資的眉角。只會紙上談兵的人，人生永遠不會有改變。

買0050，或許大家會擔心，因為股價太高了，那就買一張0056啊！我絕不能保證買了隔天就賺，甚至還可能當下就套牢，但一張兩萬多元，就算真的很不幸一股跌了好幾元，帳上虧損幾千元，我想應該都是大家還能忍受的風險吧？

每次我把這個道理告訴現場來聽演講的群眾，大部分人還是露出沒有信心的表情，然後我就會告訴他們：「你買了一張之後，如果股價漲上去，你就會說『好在有買一張』然後就會很開心；如果股價跌下去，你會改口說『好在只買了一張』然後就不會那麼難過了。」

　　絕大多數的人都是擔心風險的，所以總是嫌當下的股價偏高，希望能買到更低價。不過，就我這幾年的觀察，只要能立刻付諸行動的讀者、網友、朋友，幾乎都有很好的結果。

　　就算你在此時進場，真的是高檔套牢了，但是如果你像我一樣，是把0056當成存股的標的，只是要領它每年穩定的配息就好，那又何必在乎它股價的漲跌？股價真的跌下來，你更該慶幸可以再多買幾張。請注意，我可沒有建議大家看完我的書或聽完我的演講，就把所有的錢都拿出來買，而只是建議大家買一張（就個人資金狀況及風險承受能力，當然也可以不只買一張）。

　　我常說，投資就像人生，絕對不要說「早知道」，因為一切懊悔都於事無補，而要常說「好在有買」，因為機會永遠是不等人的，只要嚴格控管風險即可。

　　明天，你會去買嗎？

第六篇

你有能力，也熱愛你的工作嗎？

◆ 「做事」要努力，「做人」要圓融，從積極面來看，可以讓你一路往上爬，若從消極面來看，則至少可以盡量延緩你被資遣、裁員的時間。

◆ 30歲之前找不到自己喜歡的工作，就認命、努力把現有的工作一直做下去吧！

◆ 「夢想」當然激勵人心，但「現實」最後常常給人當頭棒喝。……很多人抱怨現實毀了年少的夢想，但我卻喜歡自己後來的人生。

◆ 如果找不出第二專長，去考一張保險業務員執照吧！……萬一失業了，至少還能去做壽險顧問。

◆ 如果未來不走學術研究的路，就先去工作吧！工作幾年，發現確實有能力不足的地方，再去進修自己。

一場看不到舞台表演的尾牙

　　看完前面所有的短文，透過有紀律地存錢，加上穩健安全的投資，看來「王子與公主就要過著幸福美滿的日子」了，但「天有不測風雲，人有旦夕禍福」，大家在面對美好未來的時候，也該有突然面臨重大變故的心理準備。有時，是健康出了問題，有時，則是事業出了問題，該做什麼準備呢？以下，我將就「事業」部分，與各位讀者分享我的親身經驗。

　　退伍之後，我短暫待過出版業和百貨業，但主要的職涯是在證券公司負責承銷業務。由於工作認真，業務能力頗受肯定，所以一路升遷、加薪，加上同業高薪挖角，所以絕對可以稱做是人生勝利組，但是2003年的一場尾牙，我就預感到事業可能要起大波瀾，工作或許將不保了。

　　當年尾牙辦在喜來登飯店，席開50桌以上，又請到當今綜藝一姊陶晶瑩主持，不可謂不盛大。報到進場之後，才發現我們承銷部被安排在最後一排，這還不打緊，最難堪的是我們的桌子都在大柱子的後面，完全看不到舞台表演。

　　承銷部是負責協助企業申請上市上櫃和募集資金，藉此賺取承銷手續費和包銷利得的業務單位。不過，當時正值網路泡沫徹底破滅，加上SARS重創國內經濟，導致股市行情一片低

迷，而我們包銷的案子幾乎都跌破承銷價，可以說做一個案子，就賠一個案子，虧損當然非常嚴重。

尾牙後兩個月的一天，公司的高雄分部無預警裁撤了。總公司雖然不可能完全裁撤，但找幾個人開刀，看來是免不了了。其實，我早就心裡有數。部門主管前年離職留下的空缺，董事長選了另外一個同事當了代理主管，當時很多業界的朋友都難以置信，我竟然會在主管競爭中摔了一大跤。

當年7月的某一天，辦公室的窗外陽光普照。我被叫到人事單位，要我自請辭職，自此宣告人生即將烏雲滿天。

我很清楚自己是職場鬥爭下的祭品，因為我的績效絕對不致於淪此下場，但我沒有抗爭。人生如果可以重來，我一定會好好收斂我的氣燄，也不要自我感覺良好，畢竟一個人是不會永遠得意的。

就算你工作再努力，績效再優異，長官又非常賞識你，同業也處心積慮要挖你，都千萬不要認為自己的事業就會永遠一帆風順。不要以為你是日劇中能夠扳倒上司的半澤直樹，現實人生不太可能有英雄，除了戰戰兢兢應對同事間的勾心鬥角外，請一定要想好「萬一」時的對策和後路。

努力工作之外，也要懂得做人

　　除了任職的最後一家證券公司之外，歷任部門主管對我都是高度肯定和賞識，說我是他們的左右手，一點也不為過。或許因為自恃能力很強，自然容易遭嫉妒，加上常被挖角、空降，擋住他人升遷之路，被人背後暗算，也是遲早的事，只是自己渾然不覺。

　　我必須承認，我確實在「人和」上面沒有花太多的心思。下班之後，我和同事或長官並沒有太多的互動，因為我一直把「家庭」看得比「工作」更重要。下班後非必要的應酬，我總是能閃就閃。當一個企業裡充滿對你不利的黑函和耳語時，就不會有人挺身替你辯駁的。

　　我在任職第一家證券公司時，股市自歷史高點狂瀉，公司虧損嚴重，因此必須進行人員的精簡，不得不裁員，當時我也一度面臨危機，好在因為部門主管極力為我的能力背書，所以才把我從名單上剔除。

　　事後檢討，我應該是得罪了當時管理部門負責人資的同事，導火線則是我在擔任公司慢速壘球隊教練時，在一場對外比賽中把他換下場有關。因此，請千萬不要以為所有人都能「公私分明」，也千萬不要得罪任何可以和董事長或總經理直接對話的人。

在最後一家證券公司被迫離職，就沒有任何人出手營救了。一來部門虧損嚴重，二來部門主管不可能幫我。在前篇短文提到，前任部門主管出缺時，我並不是公司高層屬意的接班人，我當然嚥不下這口氣，因此根本不想為這位新主管衝鋒陷陣。我承認，當時我的工作態度一定是相對消極，最後淪落此一下場，也是咎由自取。

職位的升遷，就是殘酷職場競爭的結果。除非每次升遷都落在你頭上，不然絕大多數的人經常都是輸家。有了這層心理準備，或許你就能看得開。真的不服氣，就遞辭呈吧！沒把握找到更好的事，就別意氣用事。如果有人要挖角你，還要看你想不想去？去了對你更好，那就去；去了不一定更好，就請三思吧。或許忍一下，那個在升遷上贏過你的人一旦被挖角了，下一個接主管職位的人就是你了。在職場上，「理智」永遠要勝過「情緒」。

自己的親身故事，道盡了職場上「做人」和「做事」同等重要的道理。

「做事」要努力，「做人」要圓融，從積極面來看，可以讓你一路往上爬；若從消極面來看，則至少可以盡量延緩你被資遣、裁員的時間。

你有能力，也熱愛你的工作嗎？

沒有人希望被公司資遣，但也沒有人有十足的把握不會被要求離職，但是績效好的人被留下來的機會比較大，反觀能力不敷工作所需的人，就隨時要小心了。

各位讀者，請捫心自問你的能力夠嗎？你的績效好嗎？以下，我將分三種狀況來做進一步說明：

第一，你根本不喜歡目前的工作，也覺得很難發揮你的專長，那就趁早換跑道吧！進入職場的前幾年，因為機會成本不高，還可以不斷換工作。長痛不如短痛，你待得痛苦，企業用了你，又何嘗不難過？趁早離開，或許對雙方都好。不過，你自認能發揮所長的工作，請一定要努力做好應徵的準備。如果沒被錄用，一定要深刻反省，是自己準備不夠？還是高估了自己的能力？前者還有救，後者就要有自知之明了。

第二，你對現在這份工作，談不上喜歡與否，自己也覺得沒有什麼特殊的專長，再換任何工作，可能都差不多時，你唯一的對策就是去加強這份工作所需要的專業能力。絕大多數的人都很難做到自己喜歡的工作，但就算不喜歡，只要做得夠久，而且夠用心，經驗自然會豐富，能力自然會增強，你就會成為業界的專家。

看過《穿著PRADA的惡魔》這部電影嗎？那個年輕女助理本來的志願是當記者，但在總編輯無情的磨練下，努力加強時尚產業的專業知識與能力後，終於受到主管的肯定，成為她不可或缺的左右手。

我對年輕人的建議是，30歲之前找不到自己喜歡的工作，就認命、努力把現有的工作一直做下去吧！

第三，你真的不知道自己喜歡什麼？或者能做什麼？試試看業務的工作吧！業務推廣，絕對是企業裡面最辛苦的工作，但卻是最能被老闆肯定的工作。很多人不願吃苦，不願背負業績目標，只想做內勤工作，但這種人的被取代性卻最高。我剛開始工作時也是這種心態，做的都是行銷或幕僚工作，看似沒壓力，其實壓力最大，因為很難有具體的績效，就不容易被公司高層看見，升遷加薪就沒你的份。任何企業都以獲利為目的，只要能幫公司賺錢，當然是老闆最器重的人才。

夢想VS現實：喜歡後來的人生

　　很多讀者看到這裡，可能會很疑惑，為什麼我一直在講「現實」？這樣讓人感到很挫折。為什麼不跟年輕人多談談大家最愛談的「夢想」呢？

　　很多勵志書都告訴你，要堅持夢想，不該為五斗米折腰，但你真得有足夠的天賦或能力來完成你的夢想嗎？接受現實，其實是比較安全的應對之道。接下來，我就跟大家分享一個我的親身經驗。

　　我從小愛看電影，甚至想去念大學的電影科系。但是，父母堅決反對，而我也不是叛逆的子女，因此最後去念了台大商學系。上了大學，還是很難忘情拍電影的夢想。我曾在大一暑假用八釐米底片拍了一部實驗短片（也就是現在的微電影）。拍完之後，赫然發現自己毫無天分，因為看到拍出來的成果真是慘不忍睹，從此認命好好念書，也決定未來還是做個平凡人，完全斷了做藝術家的念頭……還好我不像李安一樣堅持下去，否則現在恐怕早已淪落街頭。

　　不過，我要奉勸大家，一定要及早思考自己的天賦，是否足夠讓你的生活沒有經濟的壓力？「文創」是目前最夯的產業，激勵了很多人都想從事藝術創作，包括文字、影像、音樂各領域。但是，要在藝術創作上出人頭地，像周杰倫、五月天、李安

那樣的成功，可不是比普通人多一點點的天賦就足夠了，你要捫心自問，自己的才華真的足夠支撐你的夢想嗎？除了天賦之外，其實還要加倍的努力，和個人完全無法掌控的外在機運的配合，這些都是缺一不可的。

現在的年輕人比我們當年幸福多了，因為我們這一代做父母的人都很尊重子女的意願，讓他們可以發揮天賦和堅持夢想，去開展完全屬於自己的人生。

當今有許多平台或媒介，可以給年輕人發表成果，讓大家都有無窮的希望，結果很多人只要臉書有10個人按讚，就以為自己是個咖了──因為太容易得到掌聲，反而有可能高估自己──「夢想」當然激勵人心，但「現實」最後常常給人當頭棒喝。

我從不認為自己妥協、保守、認命的態度，難道就不能擁有幸福的人生？即便被迫離開職場的瞬間是錯愕和委屈的，但想到經濟狀況並不會跌落谷底，就慶幸自己一路走來，都在一條安全的人生道路上。

很多人抱怨現實毀了年少的夢想，但我卻喜歡自己後來的人生。

興趣 VS 工作：安定生活是王道

上一篇提到，我早早放棄了夢想，接受了現實，因此有了一個相對穩定的人生。沒了夢想，但至少總該找一個自己有興趣的工作吧？

能夠找到一個與自己興趣吻合的工作，當然能發揮所長，也必然是一件幸福的事，因此很多專家都告訴大家，在年輕的時候要做好「生涯規劃」，然而我回顧我的人生，卻是生涯無從規劃，興趣早就煙消雲散。

在大學求學階段，我最感興趣的科目都和行銷管理有關，因為我自認是一個很有創意的人，最沒興趣的科目就是財務和會計，總認為這些工作都很死板。

退伍之後，第一份工作就是到《天下雜誌》上班，一方面是最吻合文藝青年身分的文化產業，二方面又在自認為可以好好發揮的行銷部門工作。後來又去了遠東百貨和《商業周刊》，工作內容也不脫行銷企劃的範圍。

從《商業周刊》轉進證券業，完全是個意外。當時讀者沒有看財經類周刊的習慣，所以《商業周刊》創刊初期銷售非常不好，財務狀況搖搖欲墜。正想轉換跑道之際，恰好接到好友找我去證券公司上班的電話。當時正值台股狂飆年代，二話不

說，就去報到。沒想到一做就是15年，而且每天接觸的都是當年最沒興趣，又沒有好好學過財務會計，結果卻成了我此生最專業的領域。

文化事業和行銷工作應該都能讓我如魚得水，但「一個計劃趕不上一個變化，一個變化又趕不上一通電話」，人生不就是常常如此嗎？此外，文化事業的薪水怎麼比得上證券金融業？要不是在後者待了15年，我怎麼可能累積到足夠的錢，敢在被迫離職之後不再上班？

如果你的工作與你的興趣完全無關，請不要過度沮喪，因為絕大多數的人都是同樣的情形，那就認命把「生活」和「工作」完全分開吧！有些人堅持兩者要合一，不一定真能帶來比較多的收入。現在是一個「斜槓」的時代，只要你在自己有興趣的領域非常專精，在網路世界中，或許還能為你帶來額外的收入。

如果你根本沒有明顯的興趣，那我會建議你必須培養第二專長。如果找不出任何可以培養的第二專長，那就去考一張保險業務員執照吧！一來不難考，二來保險業不太有景氣榮枯的問題，三來這個行業短時間內仍是靠人際互動在運作。萬一你失業了，至少還能去做壽險顧問。別把「興趣」整天掛在嘴邊，能為你帶來安定生活的「工作」才是更重要的。

創業VS上班：設下停損點的勇氣

現在想要創業的年輕人，遠遠超過我們那個年代。「創業」當然迷人，可以完全照自己的意思去做，時間也自由得多，不必過朝九晚五的平凡人生，而且還有機會賺到比薪水還多的財富，但是它的風險也比「上班」大得多，特別是可能會面臨虧損賠錢的下場。

有些人雖然不是很年輕時就創業，而是工作了十幾年，難免產生倦怠感，一則處理的業務日趨順手，了無新意，二則體力長年耗損，已開始走下坡，因此有人就會萌生不如歸去之感，並動起創業的念頭。

此時創業的最大優勢是累積了豐富的工作經驗以及人脈關係。我太太就是在這種情形下，決定自己開公司做老闆。當時我們都正處於30 ～ 40歲的人生階段。

她是服裝打版師，任職於一家女裝代工廠，類似鴻海在電子業的經營型態。公司最大的客戶是當時國內非常知名，且在很多百貨公司設有專櫃的女裝品牌。因為她和該品牌的採購人員很熟，對方也很肯定她的能力，就鼓勵她出來自立門戶，也答應以後會把訂單轉到她成立的新公司來。

我生性保守，從未對創業起心動念過，但既然訂單無虞，備料成本也是對方負擔，看來風險不高，獲利又可期，因此便積極地開始進行籌備了。我則利用下班時間，免費為她送貨和記帳報稅。

一切看來都非常美好，但開業沒多久，那個鼓勵她出來創業的採購人員居然離職了，我們只好另覓客源。與新客戶往來初期的生意真得很好，訂單量很大，付款又準時，獲利超乎想像，覺得一切的辛苦都值得。不過沒過多久，漫天的陰霾開始逐漸籠罩。客戶的票期愈來愈長，有時還要略微展延。最後，客戶的貨款全部跳票，一度全家只剩下幾萬元，雖然最後打官司拿回三成，但我們也決定結束營業。我到另一家證券公司任職，不再翹班搞外務，太太又回到當別人夥計的上班生涯。對「創業」二字，我們徹底心灰意冷。

這個慘痛教訓告訴我，如果你要進入的這個產業沒有很高的「進入門檻」，要千萬慎思再慎思。其次，業務不能過度集中在少數的客戶身上。最後，千萬不要相信「創業是一條不歸路」，也就是別跟錢過不去，只要你有專業能力，就有機會在一般的職場有所表現。就像買股票一樣，勇敢地設下停損點，認賠出場，重新回到人生的坦途。

換行業VS換公司：別輕言放棄多年累積的經驗

不論你是自願離職，還是被資遣裁員，若要繼續找工作，最好還是留在原來的產業，千萬別高估自己適應新環境的能力。

一般人進入 40 歲前後的中年時期，工作多少都面臨瓶頸，大家都以「中年危機」稱之。不過，我要奉勸大家「世上本無事，庸人自擾之」，以下我就來和大家分享一個親身經歷。

2000 年，我 41 歲，有個朋友介紹我認識了一個玩具進口商的老闆。這家公司在國內很多百貨公司設有專櫃，也有一些直營門市分布全台。他希望把已經具備健全基礎的國內市場留給我經營，自己則去中國拓展全新市場。

當時我在證券業已經工作了 12 年，倦怠感與日俱增，升遷管道也愈來愈窄，完全就是典型的中年危機。如果能夠回到我最喜歡的行銷工作，或許是一個很好的轉機。一生從未任性過的我，不顧家人鋪天蓋地的反對聲浪，執意辭去券商工作，決定轉換跑道去賣玩具。

正式上任擔任總經理之後，馬上就發現和預期落差太大。每天得處裡一大堆瑣碎事情，而公司的規模和制度也完全和我熟悉的大型證券公司不一樣，加上同事素質參差不齊，溝通上也比以往面對上市公司財務長或總經理要困難得多。不出一個禮拜的時間，我的美夢很快就破碎了。

這段時間內，有一次去參加以前同事的婚禮，遇到許多證券同業和上市公司的高級主管，赫然驚覺，我和他們才是同一掛啊！

硬撐了兩個月，我最後還是跟那個老闆承認自己適應不良，決定辭職，別再浪費彼此的時間了。離職第二天，我就向一家證券公司的承銷部報到。終於回到了熟悉的業務和環境，就好像斬斷了和小三之間的孽緣，重回正宮的懷抱。

雖然我在大學時期很少修習財務會計這些承銷工作必備的課程，但好在學習能力算強，總能至少表現出很專業的樣子。在職場上，你必須有些自信和霸氣，都工作了十幾年，別人對你的經驗一定是非常尊重的。你既然擁有「信任」這麼重要的資產，當然就不該輕言放棄了。

我太太創業，至少還在同一個領域，最後失敗是因為客觀環境所造成；我的中年轉業，可能從一開始就註定要失敗，因為根本隔行如隔山。

我在此分享這個失敗經驗，就是要提醒各位讀者，珍惜自己已經擁有的豐富經驗，千萬不要輕忽陌生環境的挑戰難度。

郭台銘能，你能嗎？

　　現在，讓我們回到2003年7月，我被要求自請辭職的那一天。收拾私人物品，走出公司大門之後，心想：「我和太太曾創業過，失敗了。自己也曾換過行業，同樣不成功。再做承銷嗎？已經徹底厭倦了。」因此我下定決心，從此不再上班。回到家裡，我如實告訴太太，但請她放心：「未來家裡的所有開銷，還是完全由我負責。」這個承諾直到14年後的今天，依然沒有食言。

　　當時我不過44歲，為什麼敢如此誇口，毫不惶恐？因為我當時大約有一定程度的存款。想說每年拿這筆錢做股票投資，只要一年有10％的報酬率，養家活口就沒問題了。事後來看這個想法，其實過度天真，因為任誰都不曾想過，2008年會發生如此巨大的金融海嘯。不過，我在這裡只想談這筆存款是怎麼存下來的。

　　能有這筆積蓄，完全是靠我和太太努力工作得來的。在職場上，金融業和科技業是相對高薪的行業，要成為他們的從業人員，就要有好好念書的心理準備，因為他們多半要的是國立大學的畢業生。

　　你或許會說，很多成功的企業家都沒有顯赫的學歷呀！如郭台銘、賈伯斯或比爾蓋茲，所以許多人總是高喊「學歷無用論」。但是，請問問自己，你有郭台銘那種卓絕的意志和過人的

行動力嗎？沒有的話，就不要以為沒學歷沒關係。台積電的張忠謀、聯發科的蔡明介、華碩的施崇棠、廣達的林百里，哪一個科技大老沒有頂著名校的光環？甚至還都有博士學位呢！有好的學歷，就算不能功成名就，至少拿高薪的機會比較大。

我太太所學雖非服裝設計相關，但因為興趣緣故，畢業後努力習得「服裝打版」一技之長，成為打版師，這是服裝供應鏈中最稀有的人才，因此她的薪水甚至比一般設計師還高。

正因為我與太太當年工作時薪水都不錯，加上全家生活節儉，努力開源節流，幾年下來存妥一筆讓我不必再工作的存款。

念書是翻轉貧窮的途徑之一，但是如果你自認不是讀書的料，也請別為了要取得文憑而念後段班的大學，若因此還要背學貸，那更不值得。這時，不妨去學一個特殊的專長，才有可能翻轉你的人生。

想清楚再念研究所

前一篇短文，我認為好的學歷在職場上還是比較占有優勢，但念完大學，該繼續念研究所，甚至取得博士學位嗎？我倒不認為繼續深造是絕對必要的。

我大學畢業之後，既沒有像很多同學一樣去國外深造，也沒有去念國內的研究所，而是在當兵退伍一個星期後就去上班了。

我的三個子女都大學畢業了，可能也是受到我的影響，沒有一個去念研究所。我跟他們說：「如果你想走學術研究的路，就去念研究所，否則就先去工作吧！工作幾年，發現確實有能力不足的地方，再去念研究所。」

最小的女兒跟我一樣念台大工管，我進一步跟她說：「如果要再進修的話，也不用念研究所，就去念EMBA吧！念EMBA的人，幾乎都是社會各領域的菁英，妳可以從他們身上，得到跨界的啟發，甚至這種人脈對你其實有非常直接的助益。」

或許各縣市廣設大學的政策讓大學生真的很浮濫，必須再念研究所才能向企業人資部門證明自己比大學畢業生優秀。但是，我們用一個簡單數學來算，大學念四年，研究所多念兩年，請問後者的能力真的強過前者50％嗎？或至少後者的薪水要比前者多50％吧？依常理和事實判斷，應該沒那麼多吧？那麼，

為什麼要在大學畢業後，馬上再念研究所呢？從成本效益來評估，根本就不值得。

不念研究所的想法，當然不適用所有情形。如果你想進入的產業，必須至少有碩士學歷，那就非念不可了。如果你念的是私立大學，恐怕還是得努力念一個國立大學的研究所，才比較有機會找到一份好的工作。

此外，就算你在學校沒有把專業知識學得透徹，但只要經過工作上實際操作的歷練，就能補足當年不足的部分。甚至很多人根本是學非所用，學校學的和日後工作用的完全無關。但是，人脈的培養卻沒有補救的機會。如果你不在大學時代和同學透過聚餐郊遊等活動培養情感，日後在社會上打拚，就會少了很多得到同學幫助的機會。

「專業」和「人脈」如果在大學階段已經建構完成，就別遲疑了，趕快到職場大展身手吧。我甚至懷疑，很多人念研究所的動機其實是想盡量延後進入社會的時程，避免即刻面臨可能失業的壓力。念研究所至少會耽擱兩年，也就比別人少賺兩年，當然也就少存兩年的錢，不是嗎？

真的該如此任性，不再工作嗎？

如果時光可以倒流，我不會以為當初那筆存款是夠的，也就不敢那麼任性，決定再也不工作了。萬一生病急需用錢，甚至不幸過世，家中再也沒有收入，怎麼辦？如果沒有自己的房子，加上投資不如預期順利，付不出房租，怎麼辦？

幸好我買夠了保險，也買了房子，而且在被迫離職之前，早就繳清了房貸。

買保險和買房子，對我來說是同一件事，都是要給家人一個安定的生活。我們四、五年級生是在威權教育體制下長大的，所以「結婚、生子、買房」都是父母從小灌輸的觀念，好像天經地義一樣。事後回想，以我們當年的薪水，也是要不吃不喝十幾年才買得起。不過，當年的我們知道只要努力工作，薪水一定會增加，只要努力節儉，最後一定付得完房貸。當時，貸款成數不到五成，房貸利率超過 8%，條件都比現在差很多，但我們真得沒有想太多。

幸好當年我買了房，才在1990年的股市大崩盤中全身而退，毫髮無傷。因為是預售屋，所以依合約要按工程進度不斷繳款，只好一直賣出手中的股票，當時當然都是有獲利。如果錢仍留在股市中，大概什麼都沒了。我就是以自己的親身經歷，來證明房地產的「保值性」絕對遠遠大過股票投資。

這個房子位於台北捷運古亭站附近，但我當時哪裡會知道以後會蓋捷運呢？只是因為單價相對低（其實是被建商取巧的計算方法所誤導），二十幾年後至少增值2～3倍吧？有網友嗆：「你若買台積電，賺得更多。」但是，你若買的不是台積電，恐怕只剩兩、三成了。

我當時貸款300萬元，所以我就去買了一張300萬元的壽險加150萬元的意外險，其中也有附加醫療險，這樣萬一我在還款期間過世，我太太就可以拿理賠金付清房貸，不會讓家庭經濟瞬間受到嚴重的影響。有了自己的房子，她也有謀生能力，養育三個小孩就不會太難了。這就是我當時非常簡單的想法。付清房貸之後，我依然健在（當然啦！）我就另外再多買了一些醫療險和意外險。

很多讀者看到這裡，或許很無奈，甚至很生氣，相對現在來說，我們當初保險權益可以這麼大，房子可以這麼便宜，當然都可以買，也買得起。現在時空環境完全不一樣，薪水幾乎不漲，但物價早就翻了好幾倍，買房子談何容易啊？別氣餒，在本書最後的幾篇短文中，我就要和大家分享如何及早建構一個穩健的財務基礎，讓你即使失業，都能自在過完人生下半場。

第七篇

存了100萬元，你該做什麼？

◆ 在投資理財上，永遠不要說「早知道」，而要時時刻刻想到風險。

◆ 每個月還款金額最好不要超過可支配所得的一半以上，而且付完房貸後，
還能維持基本的生活開銷。

◆ 當確認未來一旦沒有工作後，仍有足夠的能力可以買房子的話，你才有租
房子的資格。

◆ 投保壽險的額度，可以是買房子的貸款金額；萬一有所意外，以理賠金繳
納房貸，就不會給家人帶來太多負擔。

◆ 別因自己沒有夢想而自卑，只要讓自己感到自在，就一樣可以擁有幸福。

存了100萬元，你該做什麼？

在這本書快結束前，讓我們重新回到前面提過，那對小資男女合力存下100萬元的故事中。

大家俗稱100萬元為第一桶金，這時該把這筆錢拿去做什麼呢？很多人躍躍欲試，想趕快投入股市來靠投資賺一點錢。尤其是理財專家最愛說的「複利效果」，大家就更想買股票了。因為只要每年能賺5％，20年後就有265萬元；如果報酬率是10％，20年後就有672萬元；若是15％，那就有1,636萬元。任誰看到這些計算結果，都會雀躍不已吧？

但是，如果沒這麼順利呢？中間有幾年虧損，怎麼辦？萬一又來一次類似2008年，甚至更嚴重的金融海嘯呢？你好不容易存下來的100萬元，很可能大幅縮水，甚至你會後悔，當初為何不乾脆去存定存？雖然消費能力下降，但至少錢不會少。在投資理財上，永遠不要說「早知道」，而要時時刻刻想到風險。請問，有1,000萬元的某甲，和有100萬元的某乙，誰承受風險的能力比較強？假設兩人都虧50％，某甲剩500萬元，日常生活水平應該還能維持，但某乙只剩50萬元，當然就要節衣縮食了。因此，即使有了同齡朋友都羨慕的100萬元，仍不該拿來做風險性投資。

有些讀者可能會打臉我：「你不是說0050和0056都很安全嗎？拿100萬元來買它們，不就好了？」

我會這樣回答大家：「長期持有0050和0056，一定沒問題，但它們還是有短期股價的波動。以2008年金融海嘯之前的最高價72.3元為例，後來曾跌到最低價28.53元，依然有60％的跌幅。我曾在2015年套牢，我不用怕，因為一個月賣一張，仍可支付生活所需，有足夠的時間等它解套，但年輕人套牢10張可能就很危險，因為或許你的生活費都沒了。」

那麼，這筆錢能做什麼？要聽很多理財專家的建議，把這100萬元分配到許多不同的金融工具上嗎？如果你真這麼做，每一種項目能分配到的錢都不多，反而效益不大。我的建議很簡單，就是統統去買房子。

在中南部，100萬元可以當買房的自備款了。以現在貸款成數八成來算，就可以買價值500萬元的房子。大台北地區，100萬元或許還不夠，就跟親友借一些，也就勉強買得起新北市了。

不過，請記得，人生第一間房是拿來「保值」，不是拿來「投資」。

第一間房，買得起最重要

　　我每次談到房地產的主題時，都要先聲明，我不是房地產專家，沒辦法「教」大家怎麼買房子，只能用自己的故事來「勸」大家一定要買房子。

　　用我28年前買房的經驗，各位讀者一定不想看，因為時空環境早就天差地遠了。如果我用一個聽眾在我演講場合，分享他在2013年，房價正處高檔時買房的故事，大家總該願意耐心聽看看吧？

　　他買的房子位於汐科火車站附近，是一棟30坪老公寓的2樓，總價700萬元。當年的他，30歲，在電子公司上班。他自己籌了100多萬元做自備款，剩下向銀行貸款，現在每個月約要負擔2萬多元的房貸，對他的日常開銷，還在可以負擔的範圍。各位讀者，這個真人真事應該可以鼓勵你買房吧？它雖然還是有點難，但不致於完全不可能吧？

　　誰說在大台北地區買房一定要上千萬？這個物件有三點重要的特性：「沒停車位」、「沒電梯」、「離捷運站遠」，只要符合這三點，就應該買得起。我在先前有提過，在大台北地區生活，一定要先買房再買車。這位年輕人沒有買車，買房當然不用買停車位。他還年輕，也不需要搭電梯。這個物件離捷運站真得有點遠，但搭台鐵區間車去台北，只要坐一站就到南

港站，然後可以接上捷運板南線，通行整個大台北地區，難道這樣會很不方便嗎？

有一次我去樹林區公所演講，問在場的聽眾：「這種價位在樹林買得到房子嗎？」大家都說沒問題。從樹林搭台鐵區間車，也只要坐兩站就到板橋站，又可以接板南線了。只要不是買在新開發而大眾交通不便的地區，就拿一點點「時間」來換「房價」吧！

這時一定有讀者會反駁我：「這種房子不會增值啊！」但我要反問大家：「如果你一輩子只買得起一間房子，根本不可能賣，你為什麼要在乎增值性？會增值的房子當然貴，但就買不起了。」

跟以上這個故事完全相反的案例，是2016年的一則新聞報導。有一位年輕人在父母的幫忙下，買了一間信義計劃區的小套房加一個車位，權狀雖有10坪，但室內只比5坪多一點點，總價1,500萬元。這間房子有停車位、有電梯、離捷運站近，絕對是房地產專家眼中會增值的好物件，但請問如果沒有父母的大力幫忙，有多少年輕人能買得起？

它真的會增值嗎？我持保留的態度。因為這麼小的坪數，還是只能賣給單身的年輕人，但有幾個買得起？既然接手困難，它就很難增值。

貸款條件決定生活品質

　　雖然現在的房價比我們當時貴了好幾倍，但銀行貸款條件卻比我們當時也好了很多倍。我在28年前用總價1,000萬元買了一間在今天台北古亭捷運站附近的電梯公寓，權狀總計44坪，但其中包含車位8坪，現在同樣的金額只能去新北市找，而且坪數絕對不會一樣大，也可能沒電梯沒車位，但至少還夠一家三口的小家庭住。不過，當年銀行最多貸五成，現在可以貸到八成，而且當時的貸款利率也比現在高三、四倍。現在和過去相比，除了不得不住遠一點以外，貸款條件至少寬鬆很多。

　　是否負擔得起？除了看「房價」之外，「銀行貸款條件」也非常重要。由於現在銀行林立，競爭激烈，你一定要多找幾家比較，因為「貨比三家不吃虧」。找銀行辦貸款，或許規模愈小，成立愈短，條件會愈好，甚至同一銀行的不同分行也有很大的差異。

　　各銀行都會就貸款成數、利率水準、還款期限和方式做組合，或許其中一兩項對你有利，但絕不可能四項都令你滿意。我認為真正的關鍵是——每個月要負擔的金額會不會造成日常生活上很大的壓力？我的建議是，每個月還款金額最好不要超過可支配所得的一半以上，而且付完房貸後，還能維持基本的生活開銷。

一般還款方式有兩種，一是「本金平均攤還」，一是「本息平均攤還」。前者因每月攤還一定本金，以致總利息較低，而且每期還款金額會成逐月遞減的趨勢，後者相對總利息較高，但每月還款金額固定。我不建議採前者的原因，是在收入相對較低的初期，卻要負擔較高的繳款金額，將嚴重影響生活品質，而建議採後者的原因，則是每月金額固定，比較容易掌控當月的支出。

此外，我認為不該太強調總利息費用的高低，因為總費用愈低，相對每月還款金額就愈高，你的負擔也愈高，影響生活品質就愈大。情願總費用高一些，但每月還款金額就可以低一些。若有額外獎金入帳，或買股票有獲利，就多還一些本金。儘早把貸款還清，便可以省下很多貸款初期所設算的利息費用。

此外，我也建議爭取「寬限期」，讓貸款初期只還利息，不還本金，減輕當下的生活負擔。其原因也是在正常的工作情形下，你的收入應該會愈來愈高，更有能力負擔未來較高的本金加利息的費用。

未來能買房，現在才能租房子

　　我常常透過寫書、寫專欄或演講的場合，不斷呼籲年輕人一定要努力買房子，但至少有三次被人拿出知名媒體人陳文茜的那句名言「聰明人都租房」，來做為反駁我的有力論述。

　　我每次都反問對方：「你是不是聰明人？」這時大家都很謙虛，不敢說自己是聰明人。陳文茜絕對是聰明人，所以有租房的資格。因為她夠聰明，即使到老年，都不怕沒收入，做顧問、演講、寫書，當然也包括投資，所以她絕不會擔心付不起房租，甚至她有財力買房，只是她選擇不買而已。你有把握當退休或中年失業以後，還能有穩定收入付房租嗎？

　　除了陳文茜之外，我再拿以前共事過的一位部門主管為例。他的薪水比我高很多，太太則在外商公司上班，也屬於高所得族群，雖然他們絕對有買房子的條件，但卻選擇租房子，這樣就可以把錢拿去做靈活投資和享受人生。不過，當他也被迫離職後，雖然太太仍在上班，他卻立刻買了房子，而且一次付清所有房款，因為他知道當家中少了一份固定收入後，就不該再有房租的固定支出。

　　這兩個例子告訴我們，當你確認未來你一旦沒有工作後，仍有足夠的能力可以買房子的話，我認為你才有租房子的資格。

大部分的房東都不願意租房給老人家，這時就算他們租不到房，他們也有錢去買房，絕對不會臨老連個棲身之所都沒有。現在決定一輩子都不買房的人，請捫心自問，當你租不到房的時候，你是不是買得起？不過，這個能力應該是來自你對「薪水」的預期，而不是來自你對「投資報酬率」的預期。

還有一種人可以不買房，就是未來能繼承房產的人，那真的可以少奮鬥一、二十年。如果你有這種命，我要恭喜你。

很多人不買房，生活品質或許比買房的人要高，甚至沾沾自喜，自以為聰明，把買房的人看成是笨蛋，結果到了老年，可能才會驚醒，原來笨蛋才幸福，自以為聰明，最終反被聰明誤。

一旦有了自己的房子，老年的投資相對靈活得多。最簡單的方法就是把台北的房子賣掉，搬到中南部或是東部去，不然就把都會區的房子賣掉，搬到其他較小的鄉鎮去，同樣都能多出一大筆現金來過活。如果你不想搬，也可以把台北或是都會區的房子拿去銀行辦「以房養老」，都比靠股票投資來得安穩簡單。

租房子，就能靠投資賺更多錢嗎？

除了要享受較高的生活品質之外，主張租房子的人多半基於兩個理由，一個是把買房的錢拿去投資可以賺更多，二是未來房價應該會跌。

這兩個理由都是來自個人主觀的判斷，萬一投資虧損了，怎麼辦？萬一房價沒有跌，又該怎麼辦？

就算絕大多數的股票投資人都是賠錢的，但堅持租房子的人卻還是對自己的投資充滿信心，認為自己一定可以成為那少數賺錢的贏家。在股市多頭行情中，賺錢的機會當然比較大，但大盤不可能永遠上漲，萬一遭逢一路下跌的空頭走勢時，你真的能找到逆勢上漲的個股嗎？如果再來一次類似2008年的金融海嘯，你的人生大概就要從彩色變黑白了。

細數台股從1986年站上1,000點之後，總共有5次大崩盤，包括1988年郭婉容證所稅事件、1990年股市泡沫狂瀉近10,000點、2000年網路泡沫、2003年SARS、2008年金融海嘯。換句話說，30年來平均每六年發生一次。如果我當年沒買房子，資金都在股市征戰，5次下來早就一窮二白了。

想要一生租房子的讀者，千萬不要以多頭行情來高估自己的投資能力，因為人的一生肯定會碰到幾次大崩盤。用在買房

子的錢，絕對不會蒸發不見，因為就算房價真的下跌，但你是拿來自住，不過就是買貴罷了。

如果你真的很厲害，請務必把賺來的錢當作買房的準備金。能在股市多頭行情中急流勇退的人，才是真正的贏家。不要相信複利效果，尤其不要相信10年以上的結果，因為這期間碰上大崩盤的機率是非常高的。10年以上的複利效果，是「數學模型」，不是「真實人生」。

房市幾乎是和股市同步，因此當房價跌的時候，股市應該早就下跌了。此外，股市下跌的速度，肯定遠遠超過房市下跌的幅度，因此就算房價跌了，你還是買不起。

認為房價長期走空很重要的論點，就是台灣非常嚴重的「少子化」危機。既然人口愈來愈少，房子的需求自然降低，價格當然會下跌，這是最基本的經濟學「供需平衡」的原理。我很難反駁這個推論，就算你在辯論上贏了我，但萬一未來房價並未因此下跌，你就得為這個錯誤的判斷，付出慘痛的代價。這是「真實人生」，不是「辯論比賽」。

建築業號稱國家經濟的火車頭，一旦房市緩步下跌，甚至崩盤，都將成為金融重大災難，屆時大家生計都成問題，根本也不可能買房了。

不怕一萬，只怕萬一

　　我建議小資男女要趁年輕時投保，但要買的是「消費險」，而不是「投資險」。什麼叫「消費險」？就是如果你一路健康平安到老，什麼理賠都沒機會申請，那麼所有的保費都浪費了，感覺很可惜。但換個角度想，你既沒生重病，又沒發生意外，開心都來不及了，怎麼還會認為是吃虧了呢？

　　大家出國旅行，在機場常會買「旅行平安險」，花不到1,000元，萬一飛機墜毀了，你的家人可以拿到幾百萬元，甚至上千萬元的理賠。這時，你會追求最高的理賠金額，而付最貴的保費嗎？肯定不會的。因為這筆保費99.999％都是白花的，因此希望愈便宜愈好，當然也不可能有人會希望藉此幫家人賺大錢，這種旅行平安險就是最典型的消費險。

　　「旅行平安險」是一次性保險，保障你的飛航風險，但你每天的生活也有可能發生想像不到的意外，這時就需要買「意外險」了。這種保險視你的工作性質而定，有些容易出事的行業，保費就會比較高，如果你是坐辦公室的上班族，因為發生意外的機率低，保費也就相對便宜很多。千萬不要鐵齒，花點小錢買個保障，是絕對有必要的。

　　再以「醫療險」為例，理賠內容一定會包含到病房費用的補貼，因為補貼金額的不同，保費當然有所不同。試問，有必要

為了得到最高等級的補貼金額，而去支付高額的保費嗎？

有些醫療險會以「到期還本」做訴求，即使曾經申請理賠，到期時保證全額還本。乍看就算很貴，也非常划算，因為既有保障，又沒損失，但是一、二十年後的相同金額，可以買到相同數量的東西嗎？依正常的通貨膨脹率計算，那是絕對不可能的。既然如此，就別被「還本」二字所誘惑，因為這種保單不便宜。

醫療險有兩種，一種是一年買一次，每年重新簽一次，另一種是一次簽20年，繳費期滿，保障終身有效。前者保費極低，但逐年會調高，而且若因你的身體狀況有變，保險公司也不一定會同意你隔年再投保；後者保費當然較高，但金額固定，就算你在投保期間生了重病，保險公司也要持續理賠。這時，該追求低保費？還是穩定的保障？我建議後者。

這將牽涉到你要拿出什麼基金來買保險？若買前者，或許用生活費基金就夠了，若買後者，不是動到大夢想基金，就是要犧牲到小確幸基金。我認為，「保險」還是比「小確幸」重要多了。

定期壽險VS投資型保單：別貪圖超額理賠

前一篇提到的保險，或許你一輩子都不會申請到理賠，但接下來要談的壽險，就總有一天會由你的受益人去申請，因為人的生命必然有結束的一天。

以往金融市場利差很大時，保險公司賺翻天，因此保費和理賠金額存在很大的差距，投保終身壽險非常划算。但如今利差很小，要得到終身保障，就要支付很高的保費，讓大家覺得花那麼多保費，卻只拿到多那麼一點點的理賠，非常划不來，所以現在才有了非終身保障的壽險產品。

因為只在一定期間內身故才賠，保險公司不一定會理賠，所以保費相對便宜，尤其是年輕人，若再加上工作風險極低，那就更便宜了。我非常鼓勵小資男女去買這種壽險，等經濟能力大幅提升後，再去考慮終身壽險。現在市面上，甚至已經有了一年期的定期壽險，不過很少保險公司推出這種產品，而壽險顧問也不太樂意推銷，因為保費低，佣金當然也很少。不過，因為每年購買，你的年齡又不斷增加，每年保費當然也會提高。

要保多少額度呢？因為保費不高，所以可以保較高的額度，我建議就是你買房子的貸款金額。因為你是預期往後的薪資水準來申請貸款額度的，但是萬一你意外逝世，房貸還沒付完，留下給你的家人去負擔，他們是否有這個能力？就成了一個很

大的變數。如果你的理賠金額等於房貸金額，就不會給家人造成很大的壓力。我當年投保壽險，就是同樣的考量。

房貸每年清償，貸款額度就會逐年下降，所以你的保額也可以不斷降低，說不定保費還不會增加呢！現在市面上還有「減額型保單」的體貼設計，也可以比較看看。

壽險顧問最愛賣的是「投資型保單」。這種商品就是為了因應當今理賠權益太少的現狀而設計出來的，因此投保人若要增加保障，就要好好挑選那張保單所連結的幾十檔，甚至上百檔基金。理賠金額的高低，完全取決於你挑基金的能力，這和你直接去買基金有什麼差別？不只基金公司要收手續費、管理費，保險公司也還要賺一手。很多人買基金都不會定期檢視了，常常等到淨值腰斬，才驚覺事態嚴重，如果買的是投資型保單，我懷疑到底有多少人會經常去更換標的？基金挑選是一門很大的學問，各家保險商品又差異很大，如此不是讓投保變得更複雜困難了嗎？一旦挑錯基金，將會嚴重影響理賠金額。

買保險還要注意什麼？

　　保費常常要繳好多年，甚至幾十年，最怕的就是保險公司倒閉了。萬一發生這種情形，它原先承諾的理賠將全數作廢，繳過的錢也別想拿回來。規模比較小的保險公司一定會提出比較豐厚的理賠條件，不然怎麼吸引大家去買？但千萬不要被誘惑了，因為報酬高，風險就高，相反則是風險低，當然不能預期報酬高。或許你會說，這幾年倒了好多家保險公司，政府都會找人來救，權益並不會受到影響。你若抱持這種僥倖的心理去投保，萬一這一次你投保的保險公司倒了，政府真的不救了，你該怎麼辦？如果一開始就找大型保險公司，這種風險或許就會降低了。

　　國外的保險公司比國內的更安全嗎？雖說沒錯，但若跟國內幾家大型保險公司相比，差異應該是很微小。不過，我建議還是優先買國內保險公司的保單，因為國內市場已經趨於飽和，很多人手上都已經有好幾張保單了，因此國外保險公司眼看生意不好做，近幾年幾乎都撤出了台灣市場。雖然都有國內保險公司接手，權益不致會有影響，但這種情形下，很容易造成人員的流動，或是系統轉換的問題，多少都會帶給保戶一些不便，我們又何必擔這個心？

再來，盡量跟資深壽險顧問購買保單，因為他們在這一行做得夠久，應該會一直做下去，服務就能持續穩定。如果你跟新進人員購買，萬一他業績不好，只好自動或被迫離開，後續服務就可能中斷。或許你有很多同學或朋友剛進這一行，希望你幫忙捧場，這時你最好挑那些有意願深耕保險業，而且業績已經逐漸穩定的人購買，這樣對彼此都好。

　　很多人買保險常常是迫於人情壓力，而買了性質相同、條件類似的產品。雖然多一份保單，多一份保障，但過多的理賠是沒有必要的，徒增你的保費負擔而已。若有重複的保單，很難下定決心停繳一張保單，因為前面繳過的保費就完全浪費了，因此一開始就要堅定一種保險只買一張保單的原則，也要挺得住人情壓力。

　　最後，請買台幣保單，不要買外幣保單。因為匯率的波動可能對你的權益影響很大，尤其在這個全球低利的環境，可能到頭來，理賠金額還比你繳的總保費還低呢！

小心錢就這樣不見了

2017年11月11日，阿里巴巴「天貓雙11全球狂歡節」又創了紀錄，11秒就成交了1億元人民幣，28秒成交了10億元，只花了3分01秒便突破了100億元。不知各位讀者當天是否也是這項紀錄的參與者？但是我不確定的是，究竟有多少人真的買到了物超所值，而且確實需要的東西？還是在近乎催眠的亢奮狀態下，做了無謂的消費？活動名稱中的「狂歡」兩字，表面上屬於消費者，但實質上則是成就了該企業的營收和獲利。你會不會開心用手指在網路上結帳後，卻猛然驚醒：「我的錢是不是就這樣不見了？」

這句話的靈感來自當天晚上，我去參加母校台大校慶，台上的「厭世少年」團長在開始唱他們的成名曲之一〈就這樣子不見〉前，所講的一句頗具戲謔的介紹詞。他說：「我常常發現自己的錢就這樣不見了。」這個在該年貢寮海洋音樂祭破天荒得到兩個大獎而突然爆紅的團體，取了一個最貼近當今小資男女心境的團名。我根本聽不懂他們台上在唱什麼，但台下很多年輕人卻能張口跟著他們一起唱，就知道他們音樂的力道傳達了年輕人的心聲。

大家是否有這個同感？一是常常做了無謂消費，二是好不容易存了點錢，卻很輕易在投資上賠掉了。關於後者，多半是小

資男女太心急了，因為對未來人生太過焦慮，希望用速成的方法走致富的捷徑，結果去買投機性強的小資概念股，或去玩期貨、選擇權、權證等高槓桿金融商品，最後「錢就這樣不見了」。

如果各位仔細閱讀這本書，應該會發現我都在講理財行為中的「保值」這件事。「存錢」是保值的第一件事，唯有謹慎花錢，才能讓錢被保留下來。存了錢，再進行安全穩健的投資，不論是0050，還是0056，因為有穩定配息、又不可能下市，所以本質上也是屬於保值的做法。終於存到第一桶金100萬元之後，該優先去買萬一遇到重大傷病意外時可以保護自己和家人的保險，以及努力去買下第一間房子，以避免老來可能無棲身之所的風險。這兩項其實都和「投資賺錢」無關，目的只是單純的「保值」。

我認為在40歲以前，所有的理財行為都應該以「保值」為優先的考量。超過40歲之後，因為已經具備了穩健的財務基礎，在職場上也應該來到中高所得的階段，才該考慮用「投資」來加快財富的累積。如果反過來做的話，真的有可能「錢就這樣不見了」。

沒有夢想，一樣可以擁有幸福

　　我在進入證券公司上班之前，曾在亞東集團工作過將近兩年的時間。這是一個員工人數非常多的大企業，而且近乎是一個非常官僚的體系。在這裡上班，看來會是一份安穩的工作，但也可能未來就只是一個平凡的人生了。對一個充滿雄心壯志的年輕人而言，當時真的有點苦悶。

　　有一天，收到一封當兵期間的好友從國外寄來的信。信中，他居然很羨慕我，因為我有一份安定的工作，有一個固定的女友（後來成了我太太），有一個特別的嗜好（指我迄今已經看了超過4,800部的電影），還有一個賺外快的方法（玩股票）。他長得一表人才，不知迷死多少女生，外語能力超強，後來回國進了外商銀行，甚至還進了台積電，生活多采多姿，會玩又多金，根本就是「高富帥」的典範，但沒想到原來這麼平凡的我，才是他羨慕的對象。讀完他的信，我才開始對自己有點信心了。

　　或許很多的讀者跟我一樣，都很平凡又沒夢想，看到媒體上報導的那麼多年紀輕輕就壯遊世界、白手起家創業成功，或是才華洋溢在舞台上發光發熱、美夢成真的故事，自己真是相形見絀，愈來愈沒信心。我最擔心的是，很多年輕人拿夢想自欺欺人，然後埋怨無人識才、時運不濟，到最後卻連照顧自己的基本生活都成問題。

媒體上報導的都是成功的故事，但失敗的絕對更多，只是大家不知道而已。很多勵志書籍之所以吸引人，都是在於故事的戲劇性，讓大家佩服，進而心生嚮往，覺得沒有放手一搏，人生就會白走一遭。這些激勵人心的故事看得愈多，其實反而會愈焦慮、愈氣餒，但我想反問大家，誰說平凡的人就不可能擁有幸福的人生呢？

　　我在這本書裡，從頭到尾都沒有談到任何偉大的人生夢想，最多就只是「買房子」而已，但這又是很多年輕人覺得最庸俗的一件事，甚至認為買房子一定會阻礙了夢想的追求。我同意很多人說「不趁年輕時去闖闖看，老了一定會後悔」，但如果你本來就沒有豪情壯志，千萬別一時衝動，決定去追求一個模糊的夢想，反而應該認清現實，找一條安穩的道路去過你的人生。

　　我在長期關注我的讀者身上發現，他們並不是因為我找到「成功」的方法而追隨我，而是我「自在」的人生態度啟發了他們。別因自己沒有夢想而自卑，只要讓自己感到自在，就一樣可以擁有幸福。

無腦理財術，小資大翻身！
無論起薪多少都受用的超簡單投資法

作者	施昇輝
封面插畫	黃明惠
整體設計	吳佳璘
人像攝影	林煜幃
責任編輯	施彥如
董事長	林明燕
副董事長	林良珀
藝術總監	黃寶萍
執行顧問	謝恩仁
社長	許悔之
總編輯	林煜幃
副總編輯	施彥如
美術主編	吳佳璘
主編	魏于婷
行政助理	陳芃妤
策略顧問	黃惠美・郭旭原・郭思敏・郭孟君
顧問	施昇輝・林志隆・張佳雯・謝恩仁
法律顧問	國際通商法律事務所／邵瓊慧律師
出版	有鹿文化事業有限公司
地址	台北市大安區信義路三段106號10樓之4
電話	02-2700-8388
傳真	02-2700-8178
網址	www.uniqueroute.com
電子信箱	service@uniqueroute.com
製版印刷	鴻霖印刷傳媒股份有限公司
總經銷	紅螞蟻圖書有限公司
地址	台北市內湖區舊宗路二段121巷19號
電話	02-2795-3656
傳真	02-2795-4100
網址	www.e-redant.com

ISBN：978-986-95108-7-5
初版：2018年1月
初版第二十四次印行：2023年5月31日

定價：320元

國家圖書館出版品預行編目(CIP)資料

無腦理財術，小資大翻身！：
無論起薪多少都受用的超簡單投資法／施昇輝著
一初版. 一臺北市：有鹿文化, 2018.1
面；公分. 一 (看世界的方法；129)
ISBN：978-986-95108-7-5
1. 股票投資 2. 理財

563.53　　　　　　　　106022058